Eine Ausstellung
unter der Schirmherrschaft
Seiner Königlichen Hoheit
des Prinzen von Wales

Niedersachsen

Historisches Museum Hannover

ALS DIE ROYALS AUS HANNOVER KAMEN

Eine Kutsche und zwei Königreiche

Hannover und Großbritannien 1814 – 1837

Lenkungsgruppe

Projektleitung

Dr. Katja Lembke

Projektkoordination

Dr. Christian Vogel

Dr. Annette Schwandner
Niedersächsisches Ministerium für Wissenschaft und Kultur
Vorsitzende der Lenkungsgruppe

Werner Agsten
Niedersächsisches Ministerium für Wirtschaft, Arbeit und Verkehr

Dr. Brigitte Bötel
Landtagsverwaltung Niedersachsen

Marlis Drevermann
Kultur- und Schuldezernentin der Stadt Hannover

Matthias Görn
Niedersächsisches Landesmuseum Hannover

Dr. Kathrin Höltge
Niedersächsisches Ministerium für Wissenschaft und Kultur

Matthias Ilkenhans
NDR Radiophilharmonie

Ralph Jarrett
EAC GmbH Schloss Marienburg

Dr. Bernd Kappelhoff
Niedersächsisches Landesarchiv, Hannover

Carola Lange
Niedersächsisches Ministerium für Wissenschaft und Kultur

Dr. Katja Lembke
Niedersächsisches Landesmuseum Hannover

Dr. Jochen Meiners
Celler Museen

Prof. Dr. Arnd Reitemeier
Georg-August-Universität Göttingen, Institut für Historische Landesforschung

Carolin Ruh
TourismusMarketing Niedersachsen GmbH

Dr. Georg Ruppelt
Gottfried Wilhelm Leibniz Bibliothek, Niedersächsische Landesbibliothek

Prof. Dr. Thomas Schwark
Historisches Museum Hannover

Dr. Christine van den Heuvel
Niedersächsisches Landesarchiv, Hauptstaatsarchiv Hannover

Dr. Gisela Vetter-Liebenow
Wilhelm Busch – Deutsches Museum für Karikatur und Zeichenkunst

Dr. Christian Vogel
Niedersächsisches Landesmuseum Hannover

Prof. Dr. Thomas Vogtherr
Historische Kommission für Niedersachsen und Bremen e. V.

Wissenschaftlicher Beirat

Prof. Dr. Arnd Reitemeier
Georg-August-Universität Göttingen,
Institut für Historische Landesforschung
Vorsitzender des Wissenschaftlichen Beirats

Dr. Ulrike Weiß
University of St Andrews,
School of Art History
Stellvertretende Vorsitzende des
Wissenschaftlichen Beirats

Prof. Dr. Ronald G. Asch
Albert-Ludwigs-Universität Freiburg,
Historisches Seminar

Prof. Dr. Hans-Georg Aschoff
Leibniz Universität Hannover,
Historisches Seminar

Peter Barber MA
FSA, FRHistS, The British Library,
Map Library, London

Dr. Mark Evans
Victoria and Albert Museum, London

Prof. Dr. Andreas Gestrich
German Historical Institute London

Dr. Bernd Kappelhoff
Niedersächsisches Landesarchiv, Hannover

Prof. Dr. Bernd Lindemann
Gemäldegalerie, Staatliche Museen zu Berlin,
Stiftung Preußischer Kulturbesitz

Dr. Torsten Riotte
Goethe-Universität Frankfurt am Main,
Historisches Seminar

Prof. Dr. Michael Sauer
Georg-August-Universität Göttingen,
Didaktik der Geschichte

Desmond Shawe-Taylor
The Royal Collection

Prof. Dr. Johan R. ter Molen
National Museum Apeldorn, Paleis Het Loo

Dr. Christine van den Heuvel
Niedersächsisches Landesarchiv,
Hauptstaatsarchiv Hannover

Prof. Dr. Thomas Vogtherr
Historische Kommission
für Niedersachsen und Bremen e.V.

Ehrenkuratorium

Prof. Dr.-Ing. Erich Barke
Präsident der Gottfried Wilhelm Leibniz
Universität Hannover

Prof. Dr. Ulrike Beisiegel
Präsidentin der Georg-August-Universität
Göttingen

Hans-Christian Biallas
Präsident der Klosterkammer Hannover

Dr. Gunter Dunkel
Honorarkonsul des Vereinigten Königreichs
Großbritannien und Nordirland

Dr. Wolfgang von Fritsch
Vorstandsvorsitzender der Deutschen
Messe AG

Prof. Dr. Klaus E. Goehrmann
Vorstand der Internationalen Stiftung
Neurobionik

Dr. Manfred Grieger
Leiter der Historischen Kommunikation
der Volkswagen AG

Hans Eveslage
Präsident der Stiftung Niedersachsen

Karen Kamensek
Generalmusikdirektorin der Staatsoper
Hannover

Herrmann Kasten
Vorsitzender des Vorstands
der VGH Versicherungen

Dr. Wilhelm Krull
Generalsekretär der VolkswagenStiftung

Thomas Mang
Präsident des Sparkassenverbands
Niedersachsen

Simon Gerald McDonald
Botschafter des Vereinigten Königreichs
Großbritannien und Nordirland

Ralf Meister
Landesbischof der Ev.-Luth. Landeskirche
Hannover

Dirk-Ulrich Mende
Oberbürgermeister der Stadt Celle

Dr. Gebhardt von Moltke
Vorsitzender der Deutsch-Britischen
Gesellschaft e.V.

Prof. Dr. Susanne Rode-Breymann
Präsidentin der Hochschule für Musik,
Theater und Medien Hannover

Dr. Herbert Schmalstieg
Oberbürgermeister der Landeshauptstadt
Hannover a.D. und Vorsitzender
der Wilhelm-Busch-Gesellschaft e.V.

Rolf Seelmann-Eggebert
Seelmannfilm GmbH

Norbert Trelle
Bischof von Hildesheim

Stefan Schostok
Oberbürgermeister der Landeshauptstadt
Hannover

Stephan Wetzel
Vorsitzender der Hannoversch-Britischen
Gesellschaft e.V.

Dank

Das Historische Museum Hannover dankt folgenden Personen und Institutionen, die das Ausstellungsprojekt mit Leihgaben unterstützt haben:

SKH Erbprinz von Hannover
Royal Collection
National Portrait Gallery
Niedersächsisches Landesmuseum Hannover

Das Historische Museum Hannover dankt dem Land Niedersachsen für die finanzielle Förderung der Ausstellung.

Wir danken außerdem der Gottfried Wilhelm Leibniz Bibliothek für freundliche Unterstützung.

Förderer

Niedersachsen

KLOSTERKAMMER
HANNOVER

KULTUR
STIFTUNG · DER
LÄNDER

Titelbild und Abbildungen auf den Seiten 2, 6, 12, 14, 16: Details vom Staatswagen von Georg, Prinz von Wales (Kat.Nr. 83)

Ausstellung

Konzept
Andreas Urban
Kathleen Biercamp
Frauke Gläser

Vermittlungskonzept,
Programme, Pädagogik
Jan-Willem Huntebrinker
Katrin Schäfer

Objektrecherche
Kathleen Biercamp
Andreas Urban
Freya Akkerman
Andreas Fahl

Texte
Andreas Urban
Kathleen Biercamp
Frauke Gläser

Übersetzungen
Edel Sheridan-Quantz

Textlayout
Schwanke / Raasch, Hannover

Audioguide
Antenna Audio, Berlin

Kommunikation, Website
Kirsten Tepper

Sekretariat
Ruth-Melanie Schwalger

Restaurierungen, Montagen
Annabet Röllig
Andreas Gödecke
Carmen Markert
Ria Heine

Gestaltung
ikon I Ausstellungen, Hannover

Aufbau, Werkstätten
Wolfgang Arendt
Kirsten Tepper
Andreas Moldenhauer
Uwe Tikwe
Jörg Gutsche

Katalog

Diese Publikation erscheint
anlässlich der Sonderausstellung

**Als die Royals aus Hannover kamen.
Eine Kutsche und zwei Königreiche
Hannover und Großbritannien
1814 – 1837**

im Historische Museum Hannover
17. Mai bis 5. Oktober 2014

Eine Institution des Landes Niedersachsen

Niedersachsen

Texterstellung und -redaktion
Kathleen Biercamp
Andreas Urban
Thomas Schwark
Frauke Gläser

Bildrecherche und -redaktion
Frauke Gläser

Fotografien, Repros, Scans
Reinhard Gottschalk
sowie Fotografinnen und Fotografen
der leihgebenden Institutionen

Lektorat
Dana Hildebrand (Sandstein Verlag)

Gestaltung
Jana Felbrich, Norbert du Vinage
(Sandstein Verlag)

Herstellung
Jana Felbrich, Jana Neumann
(Sandstein Verlag)

Druck
Offizin Andersen Nexö Leipzig

Verlag
Sandstein Verlag
Goetheallee 6 · 01309 Dresden
www.sandstein-verlag.de

ISBN 978-3-95498-088-8
Printed in Germany

Zum Geleit

Seit fast 380 Jahren ist Hannover Haupt- oder Residenzstadt: Georg von Calenberg (1582–1641) machte 1636 als welfischer Herzog das Leineschloss zum Zentrum seiner Landesherrschaft und Hannover zum Herrschafts- und Verwaltungszentrum des Landes. Hier residierten nacheinander Herzöge, Kurfürsten, (Militär-)Gouverneure und Könige. Auch die preußischen Oberpräsidenten hatten nach 1866 hier ihren Sitz – gegenüber vom Leineschloss im heutigen Umweltministerium. Und nachdem 1946 Hannover zur Landeshauptstadt Niedersachsens geworden war, zog 1962 der Landtag als neuer, demokratisch gewählter Souverän in das Leineschloss ein.

Insofern ist unsere Landeshauptstadt durch eine lange Kontinuität als Regierungszentrum geprägt, allerdings mit einer besonderen Variante zwischen 1714 und 1837. In diesen 123 Jahren nämlich mussten sich die Menschen im Kurfürstentum Hannover ihren Landesherrn mit den Untertanen Großbritanniens teilen: Kurfürst Georg Ludwig (1660–1727) und seine königlichen Nachkommen regierten beide Länder in Personalunion. So ist es also überaus schlüssig, dass die große Landesausstellung aus Anlass des Beginns dieser Periode vor 300 Jahren zum überwiegenden Teil in der Landeshauptstadt Hannover stattfindet und mit dem Schloss Celle eine sinnreiche weitere Ausstellungsstätte gefunden hat.

Ich danke dem Land Niedersachsen sehr für die Initiative zu dieser großen kulturgeschichtlichen Ausstellung, die eine wichtige Phase der Landesgeschichte, aber zugleich auch den gesellschaftlichen und städtebaulichen Wandel der Stadt Hannover würdigt. Die Jubiläumsschau ist bewusst dezentral angelegt und erlaubt es fünf ganz unterschiedlichen Museen, sich mit ihrer jeweils speziellen Fachkompetenz in ein umfassendes Gesamtkonzept einzubringen: Neben dem Niedersächsischen Landesmuseum Hannover und dem Residenzmuseum in Celle sind es insbesondere das neue Museum Schloss Herrenhausen, das bezaubernde Wilhelm Busch – Deutsches Museum für Karikatur und Zeichenkunst sowie unser seit 1903 stets auch landesgeschichtlich ausgerichtetes Historisches Museum in der Altstadt. Die seit Ersteinrichtung dieses Hauses beim Publikum äußerst beliebten Prunkkarossen wurden völlig neu erforscht und modernen Fragestellungen unterzogen. Und es gibt neue Blicke auf die Gesellschafts- und Sozialgeschichte, sodass hier am Hohen Ufer die letzte Phase der Personalunion, die Persönlichkeit von König Georg IV. und die Veränderungen unserer Stadt nach 1815 im Vordergrund der Themenausstellung stehen.

Ich freue mich sehr über die große Begeisterung für die Geschichte von Stadt und Land Hannover, die nicht zuletzt an den vielen Begleitveranstaltungen, Konzerten und anderen Aktionen im Umfeld der Ausstellung deutlich wird. Und ich erhoffe mir, dass die Ausstellung zu den »Royals aus Hannover« neue Impulse für ein vertieftes Geschichtsbewusstsein der Menschen in unserer Stadt und in ganz Niedersachsen schafft.

Den Verantwortlichen für die Organisation und den beteiligten Häusern der Landesausstellung wünsche ich viel Erfolg – allen Besucherinnen und Besuchern spannende und unvergessliche Erlebnisse beim Blick in unsere Geschichte.

Stefan Schostok
Oberbürgermeister der Landeshauptstadt Hannover

Grußwort

Das Historische Museum Hannover widmet sich seit seiner Gründung 1903 auch und gerade der niedersächsischen Landesgeschichte. Etwa ein Drittel seiner umfangreichen Sammlung ist diesem Thema zuzuordnen. Mit der 1966 erfolgten Neueröffnung am historischen Hohen Ufer der hannoverschen Altstadt gelangten außerordentlich kostbare Exponate in die Obhut des Hauses und werden seither kontinuierlich ausgestellt: vier Prunkkarossen aus dem Welfenhaus, darunter der sogenannte Staatswagen Nr. 1 – gebaut 1783 für den britischen Kurprinzen Georg (1762–1830). Dort, wo seit 1649 das städtische Zeughaus stand, wurde für diese raumgreifenden und wirkmächtigen Exponate eine großzügige Halle geschaffen. Diese bemerkenswerten Objekte – Leihgaben des Hauses Hannover – gehören zu den wertvollsten Museumsstücken Norddeutschlands und symbolisieren wie wenige andere Kulturzeugnisse die Verbindung Großbritanniens mit dem Kurfürstentum bzw. Königreich Hannover zwischen 1714 und 1837.
Dies und die reiche landesgeschichtlich bedeutsame Sammlung des Historischen Museums Hannover sind die Hintergründe für die Rolle, die unser Haus als Partner der Niedersächsischen Landesausstellung »Als die Royals aus Hannover kamen. Hannovers Herrscher auf Englands Thron 1714—1837« einnimmt. In zahlreichen früheren Sonderausstellungen, darunter »Ehrgeiz, Luxus und Fortune – Hannovers Weg zu Englands Krone« (2001) und »Sieben gegen den König – Ernst August und der Skandal von 1837« (2007), mit dem Buch *Dame, Herzog, Kurfürst, König – Das Haus der hannoverschen Welfen 1636–1866* (2008) von Ulrike Weiß sowie mit der ständigen Ausstellung im Museum Schloss Herrenhausen konnten wichtige Vorarbeiten für die große Jubiläumsschau des Jahres 2014 geleistet werden.

Buchstäblich um die einmaligen Kutschen herum ist nun die aktuelle Sonderausstellung »Eine Kutsche und zwei Königreiche. Hannover und Großbritannien 1814—1837« entstanden, die den Blick auf die Ära des Königs Georg IV. und die Verhältnisse im 1814 zum Königreich erhobenen welfischen Territorium richtet und daher 2014 einen wichtigen Platz in der dezentralen Landesausstellung einnimmt.

Das Ausstellungskonzept wurde von Kathleen Biercamp M.A. und Dr. Andreas Urban erarbeitet; Frauke Gläser M.A. übernahm wichtige Arbeiten bei der Umsetzung und in der aufwendigen Textarbeit. Unter Rückgriff auf das bewährte Museumsteam entstanden anspruchsvolle, unkonventionelle Ausstellungsideen, bei deren Findung das Büro IKON, Hannover, unser Team kreativ unterstützte.

Die Ausstellung wäre in der vorliegenden Qualität und in der gebotenen hochwertigen technischen Ausstattung ohne die Unterstützung durch das Land Niedersachsen nicht möglich gewesen. Für die großzügige finanzielle Förderung sei an dieser Stelle aufrichtiger Dank ausgesprochen. Auch die in allen Phasen angenehme Kooperation mit dem Niedersächsischen Landesmuseum Hannover – insbesondere hinsichtlich der wichtigen Leihgaben, welche die landesgeschichtliche Sammlung unseres Hauses sinnreich ergänzen – hat die Erarbeitung der Ausstellung nicht nur inhaltlich bereichert, sondern auch zu einem kollegialen Vergnügen gemacht.

Thomas Schwark
Museumsdirektor

Inhalt

Eine Kutsche und zwei Königreiche.
Hannover zwischen Revolution und Restauration 1762 – 1830

Eine Einführung

ANDREAS URBAN

Die Ausstellung des Historischen Museums Hannover richtet den Blick auf die bewegten und für Stadt und Land folgenreichen Jahre von den Napoleonischen Kriegen bis zum Tod König Georgs IV. im Jahr 1830. Sie veranschaulicht die staatsrechtliche Konstellation der Personalunion, der Regierung eines Herrschers über zwei unabhängige Staaten, an einem prägenden Moment der Weltgeschichte: der Auseinandersetzung zwischen den europäischen Mächten England und Frankreich, in der es nicht zuletzt um die Herrschaft auf den Weltmärkten und um die Durchsetzung von Freiheit und Gleichheit für die Staatsbürger ging.

Die Inhalte

Im Zentrum der Ausstellung steht der vergoldete Staatswagen Georgs IV., Symbol für die dynastische Verbindung zwischen Großbritannien und Hannover sowie für die Restauration des welfischen Herrschaftssystems in Hannover nach der französischen Besatzungszeit und den Jahren des »Königreichs Westphalen«. Darüber hinaus veranschaulichen Themeninseln einzelne Aspekte des wirtschaftlichen, politischen, gesellschaftlichen und kulturellen Lebens dieser Schwellenjahre auf dem Weg zur modernen Gesellschaft.

Im Fokus stehen

- die im Königreich Großbritannien und im Kurfürstentum/Königreich Hannover gleichermaßen regierende Welfenfamilie,
- der Thronfolger Georg und seine bewegte Lebensgeschichte (1762 – 1830),
- das durch die vorherrschende Landwirtschaft geprägte »Bauernland« Hannover,
- Produkte »made in Britain«, die nach Hannover gelangten,
- die Ausrichtung von Architektur, Kunst und Alltagskultur an Vorbildern aus der Antike,
- Kriegserfahrungen der Bevölkerung zwischen Leid, Abenteuer, Unterdrückung und Reformen in Folge der gegen die Monarchie und das Feudalsystem gerichteten Revolution in Frankreich von 1789,
- das Gesicht der Residenzstadt Hannover im Vergleich zur Metropole London, die um 1800 bereits eine Million Einwohner zählte sowie
- der vom welfentreuen Teil der hannoverschen Bevölkerung langersehnte Besuch des Königs in seiner deutschen Residenz im Jahr 1821.

Thesen und Positionen

Die Ausstellung kennzeichnet die zwiespältige Beziehung der von den Welfenfürsten in Personalunion regierten Staaten diesseits und jenseits des Kanals: Einerseits stand das beschauliche und wirtschaftlich rückständige Hannover im Schatten der Weltmacht Großbritannien, in deren Hauptstadt London die Handels- und Finanzströme zusammentrafen. Die mangelnde Weltläufigkeit des agrarisch geprägten Landes Hannover und seiner überschaubaren Residenzstadt wurde im Vergleich zur brodelnden Millionenstadt London von den Zeitgenossen als starker Kontrast erfahren. Die ungehinderte Einfuhr britischer Waren – nur kurze Zeit während der französischen Kontinentalsperre unterbrochen – trug ihrerseits dazu bei, dass eine Modernisierung der hannoverschen Wirtschaft nicht zustande kam.

Andererseits erlebte das Kurfürstentum Hannover durch die von Großbritannien geförderte Erhebung zum Königreich nach den Napoleonischen Kriegen eine politische Aufwertung im Konzert der Staaten des Deutschen Bundes. Die innere politische Ordnung dieses Königreichs war allerdings, auch im deutschen Maßstab, rückschrittlich: Seit 1815 wurden die vornapoleonischen Strukturen und Machtverhältnisse wiederhergestellt. Das »Gottesgnadentum« und die unbeschränkte Herrschaft des Monarchen wurden ebenso restauriert wie die herausgehobene Stellung des privilegierten Adels.

Die in Personalunion verbundenen Staaten Großbritannien und Hannover repräsentierten an der Schwelle zur Moderne zwei unterschiedliche Welten: dort die technologisch führende Handelsnation mit einer von einem parlamentarischen System dominierten konstitutionellen Monarchie und weitgehender Meinungs- und Pressefreiheit, hier das noch traditionell ausgerichtete Agrarland mit einer am frühmodernen Fürstenstaat orientierten Regierungsform und scharfen Zensurmaßnahmen gegen selbst moderate liberale Tendenzen. Die Einflüsse der britischen Kultur waren in Hannover zu Beginn des 19. Jahrhunderts noch rar, sorgten jedoch für einen Hauch von Weltläufigkeit und Bedeutung.

Die Ausstellung wirft Schlaglichter auf die politische, kulturelle und wirtschaftliche Situation im Kurfürstentum/Königreich Hannover. Herausragende Objekte mit großem Bedeutungspotenzial – darunter Gemälde aus der Royal Collection und der National Portrait Gallery London – werden neben unscheinbar wirkenden, aber kulturgeschichtlich aussagekräftigen Sammlungsstücken präsentiert. Auf diese Weise fügen sich »große« Geschichte und Alltagskultur zu einem eindrucksvollen Epochenbild zusammen. Die Ausstellung lädt dazu ein, die Spuren der bewegten und für viele Zeitgenossen leidvollen Jahre von 1762 bis 1830 zu entdecken.

Die Kutsche und das Buch.
Was an den Besuch von König Georg IV. 1821 in Hannover erinnert

THOMAS SCHWARK

Der goldene Wagen, die Zeiten und Dittmers Chronik

Beim goldenen Staatswagen Nr. 1, dem gewiss wertvollsten Ausstellungsstück im Historischen Museum Hannover und Impulsgeber für das Konzept der Sonderausstellung »Eine Kutsche und zwei Königreiche …«, handelt es sich um eine der wichtigsten Sachquellen zur Geschichte der Personalunion zwischen Großbritannien und Hannover. Die Prunkkarosse ist untrennbar verbunden mit Georg August Friedrich (1762–1830), Herzog von Cornwall und Rothesay, Prinz von Wales und seit 1811 Regent und damit Staatsoberhaupt über das Vereinigte Königreich Großbritannien und Irland. Stellvertretend für seinen erkrankten Vater Georg III. (1738–1820) regierte er zugleich auch das Kurfürstentum Hannover.

Der vergoldete Staatswagen war 1782 vom Londoner Wagenbauer John Wright II. entworfen, im Folgejahr in Essex gebaut worden und diente dem soeben volljährig gewordenen Prinzen erstmals am 11. November 1783 für die Auffahrt zur Eröffnung des Parlaments[1], einer jährlich wiederkehrenden Zeremonie.

Als nach dem Ende der Napoleonischen Kriege im Wiener Kongress (1814/1815) die europäischen Staaten rekonstruiert und neu geordnet wurden, erklärte Prinzregent Georg sein deutsches Territorium zum Königreich. Sogleich ließ er seine Staatskutsche mit allem Zubehör nach Hannover transportieren, um für den Fall eines Staatsbesuchs ein dem erhöhten Rang würdiges Gefährt zur Verfügung zu haben. Und 1821 war es dann so weit: Nach 66 Jahren, in denen der Landesherr das in Personalunion mit Großbritannien verbundene Land Hannover nicht besucht hatte, reiste Georg IV. – nach dem Tod des Vaters 1821 zum König gekrönt – in sein deutsches Territorium. Und tatsächlich bestieg er am 10. Oktober 1821 nachmittags den mit acht weißgeborenen Pferden bespannten Staatswagen und fuhr mit großer Entourage und unter Glockengeläut und Kanonensalut über die Calenberger Neustadt durch das Clevertor nach Herrenhausen ins Schloss.[2] Zuvor hatten er und sein Gefolge seine Residenzstadt aufgesucht, hierzu jedoch in traditioneller Weise Reitpferde benutzt.

Die bemerkenswerte Visite des Königs von 1821 – sie steht in einer Reihe mit der Reise nach Irland zuvor und dem königlichen Besuch Schottlands im Anschluss – ist uns durch eine ausführliche narrative Schriftquelle überliefert, aus der zum einen die hohe Wertschätzung des königlichen Besuchs für die Zeitgenossen spricht und die zum anderen die Bedeutung der einzelnen Symbole, Rituale und Inszenierungen erhellt, die im Rahmen dieses repräsentativen Herrschaftsaktes eingesetzt wurden. Auch die vorliegende Schrift selbst ist wesentlicher Bestandteil des Ereignisses, weil sie dieses dokumentiert, interpretiert und als Memorial für spätere Erinnerungsakte bereitstellt. Wir fassen also ein intendiertes Zusammenspiel von zeremonialem Akt, seiner Rezeption und Wirkung bei den Zeitgenossen sowie die Bedeutung eines erinnerungsstiftenden Dokuments.[3]

Georgs Besuch kann hinsichtlich seiner Relevanz für die Herrschaftssicherung des soeben gekrönten Monarchen gewiss nicht hoch genug eingeschätzt werden und ist deshalb bereits hinreichend interpretiert worden.[4] Daher sollen im Folgenden zunächst die ereignisgeschichtlichen Hintergründe und dann exemplarisch Elemente aus der zeitgenössischen Chronik interpretiert werden. Sodann sollen die wichtigsten Zeichen, Handlungen und Symbole eingeordnet werden, die – neben der aufsehenerregenden Staatskarosse – königliche Machtfülle und royale Herrschaftsansprüche visualisierten

Abb. 1
Hannoversche Staatsfahne
Wolle, Ölfarbe, 1860
Historisches Museum Hannover, VM 002513 a

Abb. 2
Staatswagen von Georg, Prinz von Wales
1783 und 1787–1795
(Kat. Nr. 83)

Abb. 3
König Georg IV.
1827 (Kat. Nr. 124)

Abb. 4
Übergabe der Stadtschlüssel von Hannover an den Französischen General Mortier am 3. Juni 1803
Kupferstich
Historisches Museum Hannover, VM 052399

Hintergründe des Staatsbesuchs

Zweifellos markierte der königliche Besuch Georgs IV. den Beginn einer neuen Phase landesherrlicher Rollenwahrnehmung. Zugleich bedeutete sein Regierungsantritt als »Doppelkönig« der in Personalunion verbundenen Territorien den herrschaftlichen Neubeginn nach der Zeit napoleonischer Unterwerfung und Besatzung. Mit der »Franzosenzeit« – von den Zeitgenossen als Schmach und schwere Belastung empfunden und in den folgenden Jahrzehnten oft als »Herrschaft des Bösen«[5] erinnert – war zunächst die Zerschlagung des Kurfürstentums Braunschweig-Lüneburg (Hannover) verbunden gewesen.

Mit dem Einmarsch der französischen Armee unter General Édouard Adolfe Mortier (1768 – 1835) und der Besetzung des Kurstaats begann 1803 für Hannover die Besatzungszeit – Georg war 41 Jahre alt und hatte fünf Jahre zuvor als Prinzregent seinen erkrankten Vater vertreten. Im Juli 1803 wurde die hannoversche Armee entwaffnet und aufgelöst; der hannoversche Stadtkommandant, Georgs Bruder Adolf Friedrich von Cambridge (1774 – 1850), zog sich nach London zurück. Weit über 2000 Männer und Frauen im Gefolge der französischen Armee mussten jetzt in der Stadt untergebracht und versorgt werden. Außerdem erhob die französische Besatzungsmacht umfangreiche finanzielle Forderungen. Zwar erreichte das Bündnis zwischen Österreich, Preußen, Russland, Schweden und Großbritannien im Jahr 1805 eine kurzzeitige Befreiung Kurhannovers, doch zogen jetzt die Preußen als Besatzer in die Residenzstadt. Schon im Jahr darauf – nach der preußischen Niederlage in der Schlacht bei Jena und Auerstedt – zog erneut General Mortier in Hannover ein. Bald entwickelte sich nun aus dem reinen Besatzungsregime ein auf Dauer ausgerichteter Systemwechsel: Ganz beseelt von den politischen Ideen der Französischen Revolution und den Vorzügen einer darauf basierenden Gesellschaftsordnung richtete Napoleon Bonaparte (1769 – 1821) drei der von ihm unterworfenen Territorien im Sinne eines vermeintlich idealen Staatsgebildes aus. Er verstand die Revolution von 1789 als epochalen Wendepunkt der Geschichte und begriff sich – auch hinsichtlich gesellschaftlicher Modernisierung – gleichermaßen als ihr Kind und als ihr Vollstrecker. An den Postulaten »Freiheit, Gleichheit und Brüderlichkeit« sollten sich künftig die Prinzipien staatlichen und juristischen Handelns sowie alle weiteren Maximen einer künftigen Gesellschaftsordnung orientieren. Mehr noch: Alle Menschen sollten die Ausrichtung am revolutionären Programm unmittelbar als Vorteile und Verbesserungen erfahren. Ganz in diesem Geist schuf Napoleon im August 1807 den neuen Staat »Königreich Westphalen« und übergab ihn seinem Bruder Jérôme (1784 – 1860), der ihn von Kassel aus regierte. Das neue, als Idealstaat gedachte Reich erhielt eine Verfassung nach französischem Vorbild – das erste geschriebene Staatsgrundgesetz auf deutschem Boden.

Abb. 5
Unbekannter Künstler
Adolf Friedrich, Herzog von Cambridge
Öl auf Leinwand
Das Porträt zeigt den späteren Vizekönig um 1810 als jungen Mann, Historisches Museum Hannover, VM 056304

Jérômes Reich bestand aus dem 1803 zum Kurfürstentum erhobenen Hessen-Kassel, dem Herzogtum Braunschweig-Wolfenbüttel, den linkselbischen Territorien Preußens mit Magdeburg und der Universitätsstadt Halle; keineswegs – der Name könnte es vermuten lassen – umfasste das Reich das alte Herzogtum Westfalen.[6] 1810 wurden der größte Teil des Kurfürstentums Hannover dem Königreich Westphalen zugeschlagen, der Kurstaat in drei »Departements« geteilt und für diese jeweils in Stade, Lüneburg und Hannover Verwaltungssitze geschaffen. Noch im selben Jahr wurden das »Nord-« und das »Niederelbe-Departement« von Jérômes Vasallenstaat abgetrennt und direkt in das französische Kaiserreich eingegliedert.

Nach einer anfänglichen Hochstimmung und ökonomischen Hausse stellten sich allmählich Krisenzeichen ein: Die Ausweitung der napoleonischen Expansionskriege führte zu permanenten Ausnahmeerscheinungen, die alle positiven Absichten und verfassungsmäßigen Errungenschaften infrage stellten. Der ohnehin durch die Vielzahl von Territorialgrenzen und Zollerhebungen belastete Fernhandel wurde durch die von Frankreich in den Jahren 1806 und 1810 verhängten Kontinentalsperren gegen England zusätzlich erschwert. Die Folge bekamen Händler wie Kunden durch die Verteuerung von Kolonialwaren extrem zu spüren. Die nicht enden wollenden Einquartierungen, unterschiedliche Steuern, Zwangsanleihen und Kontributionen belasteten die Menschen in zunehmendem Maße, sodass alle positiven Ansätze in der als gesellschaftliches Modernisierungskonzept gedachten Verfassung und die zukunftweisenden Regelungen des 1804 eingeführten Zivilgesetzbuches »Code civil« durch die realen Lebensbedingungen konterkariert wurden.

Im Oktober 1813 entschied letztlich die »Völkerschlacht« bei Leipzig über die Weiterexistenz seines Herrschaftssystems. In dieser mit 600 000 Mann bis dahin wohl truppen-, aber auch verlustreichsten Schlacht, die mit der militärischen Niederlage Napoleons endete, standen die zahlenmäßig überlegenen alliierten Verbände Österreichs, Russlands, Schwedens und Preußens den französischen Truppen gegenüber.

Abb. 6
Büste
Jérôme Bonaparte
um 1810 (Kat. Nr. 46)

Abb. 7
Adolf Friedrich, Herzog von Cambridge (1774 – 1850)
um 1830 (Kat. Nr. 136)

Abb. 8
»Ernst Friedrich Herbert Graf von Münster, Staats- und Cabinetts Minister auch Erb-Land Marschall des Königreichs Hannover« (1766 – 1839)
1823 (Kat. Nr. 87)

Für das hannoversche Territorium machte sich der Zusammenbruch des napoleonischen Imperiums durch die Durchmärsche geschlagener, kranker und verwundeter Soldaten bemerkbar. Kurz nach der Niederlage von Leipzig verließ König Jérôme die Kasseler »Napoleonshöhe« für immer und leitete damit die Auflösung des westphälischen Staates ein.

Auch hannoversche Truppen formierten sich wieder und zogen in die frühere Residenz des Kurstaats ein. Schon Anfang November herrschte wieder der britische König über sein deutsches Territorium; an seiner statt war es Prinzregent Georg, der die Landesherrschaft über das Kurfürstentum an sich nahm. Noch im Dezember 1813 kehrte auch sein Bruder, der beliebte Herzog Adolf Friedrich von Cambridge, als königlicher Statthalter nach Hannover zurück.

Mitte September 1814 traten rund 200 europäische (Stadt-)Staaten und Herrschaften zusammen, um die durch Napoleon veranlassten Besetzungen, Staatenbildungen, Allianzen und Bündnisse zu revidieren und die unklaren Strukturen Europas neu zu ordnen. Für Hannover verhandelte Graf Ernst Friedrich Herbert von Münster (1766 – 1839) im Wiener Kongress und erreichte für Hannover beträchtliche Gebietserweiterungen.[7] Graf Münster hatte im Auftrag der Krone bereits am 12. Oktober 1814 Hannover zum Königreich erklärt; Georg selbst beanspruchte den neuen Titel ebenfalls schon vor Ende des Kongresses.[8]

Tatsächlich war die Position Hannovers als neue deutsche Mittelmacht so gewachsen, dass es im Kongressverlauf gelang, die Niedergrafschaft Lingen, das Herzogtum Arenberg-Meppen, die Grafschaft Bentheim, das Hochstift Hildesheim, die Reichsstadt Goslar, Teile des Untereichsfelds und das Fürstentum Ostfriesland in das Staatsgebiet einzugliedern. Die Wiener Bundesakte von 1815 legte im Artikel 13 fest, dass alle Gliedstaaten des Deutschen Bundes landständische Verfassungen erhalten sollten. Schon früh leitete Hannover die entsprechende Entwicklung ein, und noch 1815 trat die provisorische Ständeversammlung zusammen. Zwar wurde hiermit ein erster Schritt zur Schaffung eines parlamentarischen Systems gegangen, doch revidierte Graf Münster gleichzeitig wesentliche staats- und

Abb. 9
Wappen des Königreichs Hannover von 1837
Druck von einem Druckstock aus Messing, Historisches Museum Hannover, Abdruck von VM 000285

zivilrechtliche Modernisierungen aus der napoleonischen Zeit. Ganz im Geist der jetzt waltenden Restauration wurde die Trennung der »Gewalten« Verwaltung und Rechtsprechung umgehend wieder aufgehoben und 1816 erneut das »Geheime Ratskollegium« eingesetzt, das sich aus den Ministern, den Geheimen Kabinettsräten und Assessoren zusammensetzte. Das in der Wiener Schlussakte keineswegs zufriedengestellte Interesse der Untertanen an einer nationalen Einheit artikulierte sich seit dem Wartburgfest 1817 vielerorts in Studenten- und Intellektuellenkreisen. In Göttingen nahmen die studentischen Kundgebungen zum Teil krawallartige Züge an. Obrigkeitliche Umsturzfurcht führte in vielen Ländern zu drakonischen Ordnungsmaßnahmen und hatte 1819 die Karlsbader Beschlüsse zur Folge, an denen für Hannover Graf Münster mitwirkte. Zehn Jahre nach dem Ende des französischen Regimes setzte auf Veranlassung von König Georg IV. eine umfangreiche restaurative Staatsreform ein, durch die das Staats- und Kabinettministerium als die oberste staatliche Behörde weitreichende Kompetenzen erhielt, von denen die Befehlsgewalt über die Polizei die entscheidende war. 1820 trat die ein Jahr zuvor beschlossene Wiener Schlussakte in Kraft, die das Schlussdokument des Wiener Kongresses mit weiteren 65 Artikeln in politisch-restaurativem und sozial-konservativem Geist präzisierte. Im Königreich Hannover wurden daher konsequent sechs Landdrosteien eingerichtet: In Osnabrück und Aurich, in Hildesheim und Lüneburg sowie in Stade und Hannover war die Staatsgewalt nun durch seine administrativen Mittelbehörden präsent.

1823 – zwei Jahre nach dem frenetisch bejubelten Staatsbesuch Georgs IV. – setzte sich die restaurative Neuregelung der Landesverwaltung weiter fort. Eine allgemeine Städteordnung konnte indessen nicht erreicht werden, stattdessen erhielten die Städte und Flecken im Königreich Hannover zwischen 1814 und 1847 individuelle Verfassungen.[9]

Abb. 10
Unbekannter Künstler
Georg II., König von Großbritannien und Irland, Kurfürst von Hannover
Historisches Museum Hannover, VM 029122

Abb. 11
Heinrich Ziesenis
Herzog Karl von Mecklenburg-Strelitz, Vater der Königinnen Luise von Preußen und Friederike von Hannover
Öl auf Leinwand, um 1770
Historisches Museum Hannover, VM 008312

Das Buch zum Staatsbesuch

Georg IV. besuchte sein deutsches Königreich Hannover im Oktober 1821, wenige Monate nach seiner spektakulären Krönung in Westminster Abbey. Zuletzt hatte im Jahr 1755 sein Urgroßvater Georg II. (1683–1760) das Kurfürstentum bereist; er war oft und gern in Hannover gewesen, auch wenn dies in London gelegentlich kritisiert wurde. Sein Enkel und Nachfolger Georg III. – gewiss an den Verhältnissen im hannoverschen Stammland der Welfen interessiert und um Fortschritte in der Landwirtschaft bemüht – hatte während seiner 60 Regierungsjahre nie eine Gelegenheit gefunden und womöglich auch nicht die Notwendigkeit gesehen, Hannover einen Besuch abzustatten. Familienangehörige wie Georgs Schwager Karl von Mecklenburg-Strelitz (1741–1816) und sein Sohn Prinz Adolf Friedrich, Herzog von Cambridge, repräsentierten die Landesherrschaft als Gouverneur bzw. Stadtkommandant und Militärgouverneur.

Auch Georg IV. übernahm dieses System der Stellvertretung und beließ Adolf Friedrich in dessen Position als Generalgouverneur bzw. ernannte ihn 1831 zum Vizekönig. Gleichwohl entschied er sich gleich nach Regierungsantritt zur Reise. Gewiss war es wohltuend, wegen allerlei Skandalen und Kolportagen um seinen Lebenswandel der kommunikationsfreudigen Metropole London den Rücken zu kehren. Gleichwohl gehörte die königliche Reise in die Stammlande zum bewusst auch aus politischen Gründen gewählten Programm des soeben gekrönten Monarchen, steht sie doch in einer Reihe mit dem Besuch in Irland und – kurze Zeit später – in Schottland und diente der Festigung der Position des Monarchen.

Über den Besuch des Königs in Hannover berichten mehrere Zeitgenossen, darunter zum einen der hannoversche Unternehmer D. C. Bernhard Hausmann (1784–1873) in einer bewusst sachlich gehaltenen Schilderung der Ereignisse.[10] Zum anderen erschien im Folgejahr die ausführliche Jubelschrift des Militärarztes Dr. Heinrich Dittmer *Authentische und vollständige Beschreibung aller Feyerlichkeiten, welche in dem Hannoverschen Lande bey der Anwesenheit Seiner Königl. Majestät Georgs des Vierten während dem Monate October 1821 veranstaltet worden sind.* Das Buch erschien in der Helwingschen Hofbuch-

handlung und umfasste gut 350 Druckseiten sowie einen mehrseitigen Anhang, der auf 22 Bildtafeln zahlreiche Festbauten und -kunstwerke wiedergab, die anlässlich des Staatsbesuchs entstanden waren.[11] Beginnend mit einer gereimten Widmung an den König dankt der Verfasser in seinem Vorwort allen Mitwirkenden, Beiträgern (»Correspondenten«), Künstlern und Subskribenten. Ausdrücklich will er das Buch als ein »rein patriotisches Unternehmen« verstanden wissen, mit dem der Reise Georgs ein »Denkmal« gesetzt und besonders die vergänglichen Dekorationsbauwerke und andere Details der Festfolge festgehalten werden sollen. Das Werk ist in zwei Kapitel gegliedert, beginnend mit einem »Blick in die Vergangenheit«: An eine Stammtafel der Herzöge und Kurfürsten von Braunschweig-Lüneburg – beginnend mit Herzog Ernst I. (1497 – 1546) – schließt der Autor in sieben Abschnitten eine Betrachtung über die dynastischen Hintergründe, die zur Personalunion führten, sowie die zurückliegenden Hannover-Besuche der Könige Georg I. (1660 – 1727) und Georg II. an. Am Schluss des Kapitels wird das tiefe Bedürfnis der hannoverschen Untertanen zum Ausdruck gebracht, endlich – nach lebenslangem Fernbleiben Georgs III. – dem Landesherrn in seinem deutschen Territorium huldigen zu können. Der eigentlichen Schilderung der königlichen Visite ist das zweite Kapitel gewidmet. Hier schildert Dittmer die Reise detailliert und Tag für Tag vom Eintreffen Georgs IV. an der Landesgrenze beim Dorf Glandorf (Nähe Osnabrück) bis zum Verlassen des eigenen Landes südlich von Göttingen auf dem Weg nach Kassel. Besonders ausführlich werden die Ereignisse zwischen dem 9. und 29. Oktober geschildert; Georg hielt in diesen Tagen Hof auf Schloss Herrenhausen. Jeweils passend sind in die chronologische Erzählung die Texte eingearbeitet, die anlässlich des königlichen Aufenthalts vorgetragen wurden. Es handelt sich um zeittypische Formate wie Huldigungsgedichte, Liedtexte, Oden, Hymnen, Kantaten, Gebete und verschiedene Grußadressen. Auch ein Gedicht in französischer Sprache befindet sich darunter. Es stammt von Johann Georg Harrys (1780 – 1838), einer bemerkenswerten, die norddeutsche Literatenszene prägenden Persönlichkeit.[12]

Abb. 12
König Georg IV. von England und Hannover
Kupferstich, 1821, in: Heinrich Dittmer: Authentische u. vollständige Beschreibung aller Feyerlichkeiten [...], Hannover 1822, Historisches Museum VM 43612

Abb. 13
Johann Georg Harrys (1780 – 1838)
um 1820 (Kat. Nr. 143)

Abb. 14 (Seite 28 | 29)
Blick auf die Schlacht bei Waterloo
1816 (Kat. Nr. 60)

Abb. 15
Ernst August, Kurfürst von Braunschweig-Lüneburg
Mezzotinto (Schabkunstblatt) für den britischen Markt, nach 1714, Historisches Museum Hannover, VM 026194

Abb. 16
»Field Marshall His Royal Highness Prince Ernest Augustus Duke of Cumberland and of Tiviotdale, Earl of Armagh«
1815 (Kat. Nr. 90)

Der Staatsbesuch – Ereignisse und Symbole

Georg IV. kam von Brüssel, besichtigte bei Waterloo das geschichtsträchtige Schlachtfeld und reiste über Aachen, Düsseldorf und Münster auf die Landesgrenze zu. Am 6. Oktober betrat er das Königreich. Bereits hier an der Grenze begann die Folge von sogenannten Ehrenpforten mit jeweils vier Säulen, die mit Girlanden geschmückt waren und an vielen Orten, in Dörfern und Städten den Reiseweg des Königs säumten. Hier an der Grenze waren bereits hohe Beamte, Geistliche und andere Würdenträger zur Begrüßung versammelt. Ein kleines Mädchen überreichte die eigentliche Grußadresse, gefolgt von einer Abordnung von 700 Schulkindern. Noch einmal wurde in den Ausführungen des Kindes an die harten Jahre der napoleonischen Besetzung erinnert. Nun aber bestehe Hoffnung auf dauerhaften Frieden und Sicherheit für alle künftigen Generationen. Der König herzte und küsste das Kind zum Dank. Die Reise führte den Monarchen sodann weiter nach Schloss Iburg; hier hatte Georgs Vorfahr Herzog Ernst August (1629 – 1698), dem die wichtige Erhebung Hannovers zum Kurfürstentum gelungen war, seit 1662 als Fürstbischof residiert. Der König stattete dem Kloster Oesede einen Kurzbesuch ab und reiste sodann nach Osnabrück – ebenfalls eine Residenz des späteren Kurfürsten Ernst August und seiner Gemahlin Sophie von der Pfalz (1630 – 1714).

Georgs Equipage wurde jetzt von einer osnabrückischen Husarenabteilung eskortiert, und auch die bisher verwendeten Postpferde waren durch »Hannoveraner« aus dem Marstall ersetzt worden. Auch in Osnabrück, am Johannistor, schmückte ein prächtiger »Triumpfbogen« die Straße.[13] Zwei traditionelle Rituale schlossen sich an: Bürgermeister Johann Bertram Stüve (1798 – 1872)[14] übergab dem König die Schlüssel der Stadt. Huldvoll nahm dieser sie entgegen, gab sie jedoch umgehend an den Bürgermeister zurück. Jetzt spannte eine Gruppe von Bürgern die Kutsche des Königs aus und zog ihn mit Menschenkraft durch das Tor in die Stadt hinein.[15] Es folgte der Empfang im Osnabrücker Schloss, wo sich Minister, Geistliche und andere Würdenträger beider Kirchen versammelt hatten. Ein festliches Abendessen

Abb. 17
Robert Batty
Schloss Herrenhausen, Eingang Nordseite mit Ehrenhof
London/Robert Jennings
Stahlstich, 1829, Historisches Museum Hannover, VM 11752

schloss den ersten Besuchstag ab. Am nächsten Vormittag folgten ein Empfang von Adel, Geistlichkeit und Amtsträgern und eine Militärparade mit Begnadigung eines Straftäters, bevor die Reise über Osterkappeln, Lemförde, Diepholz und Nienburg nach Herrenhausen fortgesetzt wurde. Auch unterwegs waren zahlreiche Ehrenpforten[16] aufgebaut worden und die Straßen stets von grüßenden und jubelnden Menschen gesäumt. Das Programm eines dieser Ehrenbögen – desjenigen von Nienburg, gestaltet von dem belgischen Architekten Emanuel Bruno Quaet-Faslem (1785–1851) – ist besonders gut dokumentiert: Die Leichtbaukonstruktion war aus Holz und bemaltem Leinen gebaut und stellte allegorisch in einzelnen Bildern die Geschichte des Welfenhauses dar, wobei bedeutende Schlachten – insbesondere das Gefecht bei Waterloo – besonders herausgestellt waren.[17]

Am 8. Oktober kam der 58-jährige Monarch mit seinem Gefolge in Hannover-Herrenhausen an, begrüßt mit Militärmusik und Kanonensalut. Sein Repräsentant vor Ort, Generalgouverneur Adolf Friedrich, und sein Bruder Ernst-August (1771–1851), Herzog von Cumberland und nachmaliger König von Hannover, erwarteten ihn im Kreise eines großen Militäraufgebots mit mehreren Abteilungen der hannoverschen Armee. Außerdem waren Hunderte von Menschen aus der Residenzstadt und der Umgebung nach Herrenhausen gekommen, um dem König einen furiosen Empfang in seiner Sommerresidenz zu bereiten.

Über mehrere Jahre waren Schloss und Großer Garten grundlegend renoviert und instand gesetzt worden; Hofbaumeister Georg Ludwig Friedrich Laves (1788–1864) hatte die Umgestaltung im Inneren sowie die Modernisierung der Schlossfassade im zeitgemäß klassizistischen Stil geplant und pünktlich ins Werk gesetzt: Das Obergeschoss wartete mit einem Speisesaal und einer neuen Küche auf, Spültoiletten und Teeküchen waren eingebaut und die frühere Durchfahrt von der Straße in den Garten zu einem prächtigen Vestibül umgebaut worden.[18] Darüber bot der Balkon unter einer mächtigen Attika dem Landesherrn die Möglichkeit, sich dem auf dem Ehrenhof versammelten Volk zu zeigen und Huldigungen zu empfangen; die entsprechenden Auftritte anlässlich der Visite von 1821 werden als überaus

Abb. 18
Julius Giere
Porträt Hofmaler Johann Heinrich Ramberg
Lithografie, 1838
Historisches Museum Hannover, VM 021978

eindrucksvoll geschildert.[19] Auch der Große Garten war renoviert und die einzelnen Anlagen gründlich instand gesetzt worden. Am folgenden Tag – gedacht als Ruhetag für den König nach der Anreise – wurden alle Fontänen in Betrieb gesetzt und am Abend ein großes, festliches Feuerwerk abgebrannt. Kunstvoll erzeugten die Feuerwerker mit ihren Raketen den Namen von König Georg, und den abendlichen Abschluss signalisierten 21 Salutschüsse.

Am 10. Oktober zog König Georg mit relativ kleinem Gefolge in seine Residenzstadt ein, die Häuser hatten die Bürger dazu mit allerlei Schmuckelementen dekoriert: An Fenster und Türen waren herbstliche Zweige angebracht, die größeren Straßen mit weißem Sand bestreut worden. Zahlreich hatten sich Menschen nicht nur aus der Stadt, sondern auch aus der Umgebung in Hannover versammelt, festlich gekleidet säumten sie die Straßen und Plätze. Und auch an den hannoverschen Stadtgrenzen standen Ehrenpforten: am Steintor eine im Auftrag der Bürger Hannovers, eine andere für die Gartengemeinden der Vorstadt an der Herrenhäuser Allee; beide entworfen von Hofbaumeister Laves.[20] Über Ausmaß und künstlerische Qualität des Bauwerks am Steintor berichtet Dittmer: »im edlen classischen Style gebildet, trugen acht corinthische Säulen [...] ein schweres Bogengewölbe und auf dessen Gipfel den strahlenden Stern des Guelphenordens, in dessen Mitte auf rothem Grunde das Hannoversche weisse Ross mit der Umschrift prangete ›NEC ASPERA TERRENT!‹ An jeder Seite glänzten an den Ecken die beiden Königl. Kronen von Hannover und England.« Dabei wurde die von Laves konzipierte monumentale Architektur der Ehrenpforte von den durch Hofmaler Johann Heinrich Ramberg (1763–1840) offenbar meisterhaft ausgeführten allegorischen und mythologischen Darstellungen kongenial ergänzt.[21] Auch die ornamentale Dekoration, die Wappen, floralen, figürlichen und symbolischen Motive auf dem in Leichtbauweise errichteten Tor waren ein Werk von Ramberg. Das Tor war so aufwendig gestaltet und offenbar auch so kostspielig gewesen, dass man es so lange wie möglich stehen ließ; im März 1822 musste es schließlich abgebrochen werden.[22]

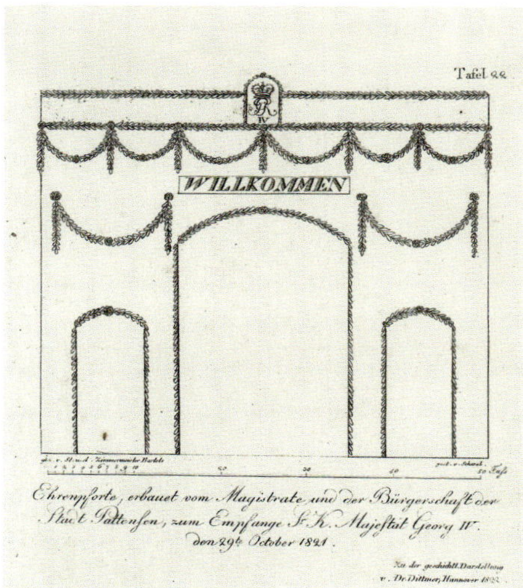

Abb. 19
Amts-Zimmermeister
Bartels
Ehrenpforte des Magistrats und der Bürgerschaft der Stadt Pattensen
Tafel 22 in: Heinrich Dittmer: Authentische u. vollständige Beschreibung aller Feyerlichkeiten […], Hannover 1822
Historisches Museum Hannover, VM 043612

Abb. 20
Landbauconducteur
J. C. Fraa's
Ehrenpforte des Magistrats und der Bürgerschaft der Stadt [Hann.] Münden
Tafel 21 in: Heinrich Dittmer: Authentische u. vollständige Beschreibung aller Feyerlichkeiten […], Hannover 1822
Historisches Museum Hannover, VM 043612

Ähnlich der Zeremonie in Osnabrück übergab Stadtdirektor Georg Ernst Friedrich Hoppenstedt (1779–1826) dem König die Schlüssel zu seiner Residenzstadt – alle Kirchenglocken läuteten und es wurden 101 Schuss Salut abgegeben.[23] Das Ritual des durch Menschenhand in die Stadt gezogenen Wagens entfiel, denn der König war in hannoverscher Feldmarschalls-Uniform von Herrenhausen aus zu Pferd in die Stadt gekommen. Vom Tor aus zogen nun König und die berittene Gefolgschaft, hohe Offiziere und berittene Bürgergarde, durch ein Spalier von Bürgern und Gästen, königlichem Militär und Bürgergarde zum Alten Palais. Hier begrüßten die Gattinnen von Herzog Ernst August und Generalgouverneur Adolf Friedrich den königlichen Schwager.

Am Nachmittag kam denn auch der goldene Staatswagen zum Einsatz. Er war mit acht weißgeborenen Pferden unter roten Geschirren bespannt; außer dem Kutscher auf dem Bock, drei Dienern auf der hinteren Gestellbrücke und dem Postillion auf dem ersten Pferd des Zuges gehörten zum Gala-Zug ein Vorreiter und mehrere Diener zum Öffnen und Schließen der Türen sowie zum Führen der Pferde, die im Schritt gingen.[24] Georgs IV. Rückfahrt nach Herrenhausen führte über die Calenberger Neustadt durch das Clevertor. Sie erfolgte unter Kanonensalut und Glockengeläut. Doch die Stadt feierte weiter mit einem Volksfest, für das mehrere Häuser mit Blumen, farbigen Lampions, Fackeln, figürlicher Fassadendekoration, bemalten Transparenten und Aufschriften geschmückt bzw. aufwendig illuminiert wurden. Besonders beleuchtet waren die Synagoge am Berge, das Logenhaus in der Köbelinger Straße, das Landschaftliche Haus in der Osterstraße, das Regierungsgebäude in der Calenberger Straße, mehrere militärische Einrichtungen, aber auch das Museum am Altstädter Markt. Laves und Ramberg hatten gemeinsam eine neogotische Prachtarchitektur an den Rathäusern in der Neu- und Altstadt erarbeitet, und »das Ganze war mit unzähligen Lampen erleuchtet«.[25] Die Lichtinszenierungen in Alt- und Neustadt waren offenbar so reizvoll gestaltet, dass König Georg mit Gefolge am Abend erneut die Stadt aufsuchte und sie seinem Gast, dem Erzherzog von Österreich, präsentierte.

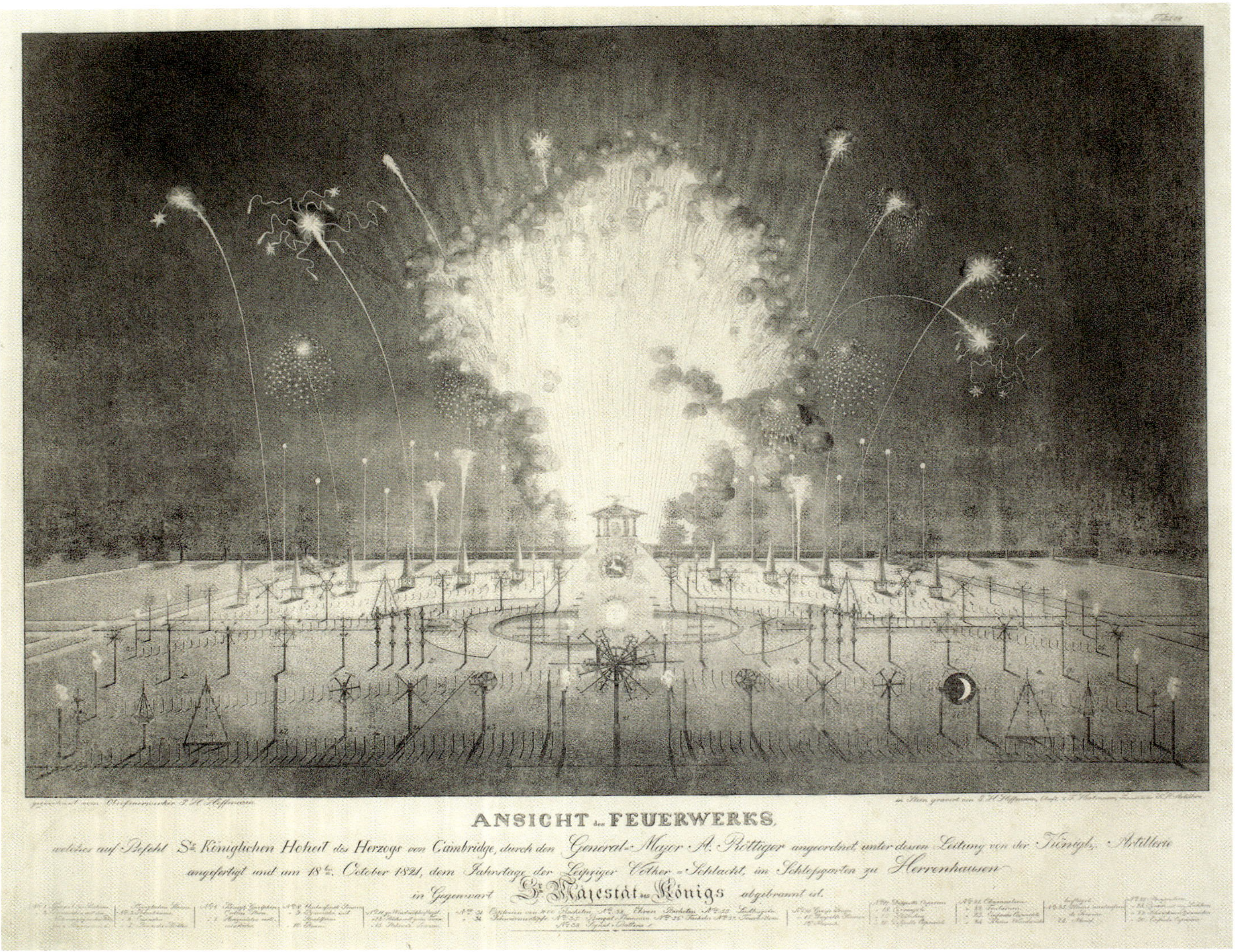

Abb. 21
»Ansicht des Feuerwerks« in Herrenhausen anlässlich des Aufenthalts König Georgs IV.
1821 (Kat. Nr. 110)

Am 11. Oktober empfing Georg verschiedene auswärtige Gesandte. Den Folgetag widmete er einerseits dem Dank an die hannoverschen Bürger für alle erwiesenen Ehrenbekundungen [26] und nahm andererseits weiterhin zahlreich Huldigungen entgegen, die ihm durch Amtsträger aus den Ministerien, Kammern, Städten des Landes, den Landschaften und Gerichten zuteil wurden. Am folgenden Tag nahm der König die große Militärparade ab. Am Abend zog es ihn in die Stadt, um dort im Alten Palais die Verwandten zu treffen. Am 14. Oktober musste Georg dringenden Amtsgeschäften nachgehen. Nach einer Zwangspause wegen Unpässlichkeit fand am 16. Oktober »das große militairische Schauspiel einer Feldschlacht« [27] statt. Es handelte sich um ein militärisches Manöver zwischen Lindener Berg und dem Dorf Limmer, das eine große Zahl einheimischer und zugereister Zuschauer anlockte. Militärische Übungen schlossen sich auch an den folgenden Tagen an; den Höhepunkt dieserart Veranstaltungen bildete am 18. Oktober die Parade zur Erinnerung an die Schlacht bei Leipzig von 1813, die in der Nähe des Dorfes Stöcken inszeniert wurde. Den Abend beschloss ein mächtiges Feuerwerk im Großen Garten, das die königliche Artillerie im Auftrag von Generalgouverneur Adolf Friedrich abbrannte. Trotz widriger Herbstwitterung und mancher dadurch bedingter Einschränkungen scheint das Feuerwerk – offenbar das bis dahin aufwendigste Norddeutschlands – Attraktion für viele Hunderte von Zuschauern und glanzvoller Höhepunkt der königlichen Visite gewesen zu sein. [28]

Der König fühlte sich nicht wohl, als am folgenden Tag die großen Jagden begannen, und konnte deshalb nicht daran teilnehmen. Zu seinen Ehren waren von den Untertanen – etwa in Blumenau und Linden – auf den Wegen zu den Jagdrevieren mehrere Ehrenpforten aufgestellt worden.[29] Künstlerisch bemerkenswert war das Holzbauwerk, das der Freiherr Knigge bei Hofbaurat Laves in Auftrag gegeben hatte. Es war nicht etwa zeitgemäß klassizistisch ausgeführt, sondern trug die Züge der soeben aufkommenden Mode des Historismus: Laves hatte eine hölzerne Halle mit einem Kreuzgewölbe entworfen und sich dabei gotischer Vorbilder bedient. Hier sollte den König eine Gruppe von Deister-Bergleuten begrüßen. Um den Erfolg der Jagden zu sichern, waren 600 Stück Reh- und Rotwild und über 1000 Sauen zusammengetrieben worden.[30]

Selbst dem abendlichen Ball beim Generalgouverneur und den Militärparaden des 20. Oktober blieb der König fern, wenngleich die Anwesenheit des Erzherzogs von Österreich interessante Gespräche verhieß. Am folgenden Tag raffte sich der König jedoch zum Gespräch mit dem führenden Diplomaten des Wiener Kongresses, Fürst Klemens Wenzel von Metternich (1773–1859) auf,[31] und an den nachfolgenden Tagen wurden mehrere auswärtige Regenten zu Audienzen empfangen.

Am Abend des 24. Oktober richtete der Hof schließlich eine Genesungsfeier in Herrenhausen aus, zu der sich mehrere Hundert Bürgerinnen und Bürger aus der Alt- und Neustadt Hannovers einfanden. Im Großen Garten fand dazu eine »Fackelmusik« statt und im Ehrenhof stimmten die Bürger das hymnenartige Volkslied »Heil unserm König Heil!« an. Georg IV. antwortete auf die Hommage und die Ehrenbezeugungen mit großem Dank und – obwohl in England geboren und aufgewachsen – einem Bekenntnis zu Hannover:

> »Gott sey Dank! Ich bin wieder hergestellt. Nicht genug kann ich sagen,
> wie sehr ich zufrieden bin mit meinen lieben Kindern, und will theilen
> mit ihnen Leid und Freude. In den schrecklichsten Umständen bin ich
> Hannoveraner geblieben! – Hannoveraner will ich bleiben, Hannoveraner
> will ich leben! – Hannoveraner will ich sterben!«

Bei den Anwesenden rief diese pathetische Identitätsbekundung große Begeisterung hervor, erzeugte in kritisch-reflektierenden Kreisen allerdings auch ironische Kommentare.[32]

Für den Staatsbesuch Georgs war nicht nur Schloss Herrenhausen grundlegend umgestaltet, sondern auch das Opernhaus im Leineschloss umfassend renoviert, golden und weiß ausgemalt und durch Hofmaler Ramberg mit Musendarstellungen dekoriert worden. Außerdem hatte die Königsloge eine neue Ausstattung erhalten.[33] Am 26. Oktober sah der König dort die populäre Oper *Tancredi* von Gioachino Rossini (1792–1868), der huldigende Prolog stammte von dem beliebten hannoverschen Schriftsteller Wilhelm Blumenhagen (1781–1839). Zuvor hatte Georg mit dem Generalgouverneur gespeist.[34]

Den folgenden Tag verbrachte Georg zu großen Teilen auf der Reitbahn, wo ihm besonders wertvolle Pferde aus der Hannoveraner-Zucht vorgeführt wurden; ein Abendessen im Familienkreis schloss sich an. Am letzten Tag vor seiner Abreise hielt der König eine Reihe von Audienzen und ließ ihn mit einem Hofkonzert in Herrenhausen ausklingen. Unter dem Titel »Die Zwillingskronen« widmete sich der Abend der Personalunion Großbritannien-Hannover.

Am 29. Oktober 1821 brach König Georg mittags zu seiner Rückreise auf. Über Pattensen, Alfeld, Einbeck und Salzderhelden ging seine Fahrt nach Göttingen, von wo er am nächsten Tag über (Hannoversch) Münden ins Kurfürstentum Hessen fuhr. Über Marburg, Wetzlar, Aachen und Lüttich gelangte er zum Hafen Calais, schiffte sich am 8. November ein und erreichte abends um 6 Uhr Ortszeit das Schloss Carlton House.[35]

Abb. 22
Blick in die Leinstraße mit zweispännigem Wagen
1829 (Kat. Nr. 146)

Dies und das – und die goldene Kutsche

Zehn Tage nach der Rückkehr des Königs nach London hielten die Geistlichen in allen Kirchen des Königreichs Hannover einen Dank- und Fürbittengottesdienst. Doch dies sollte nicht das einzige Instrument bleiben, mit dem der royale Besuch im Gedächtnis der Menschen gehalten wurde. Die zahlreichen pompösen Festveranstaltungen gehörten bald zum Fundus von Erzählungen und kolportierten Erinnerungen und blieben so präsent. Schon die dem Besuch Georgs vorausgegangenen Bau- und Renovierungsarbeiten hatten Spannung und Erwartung erzeugt. Die grundlegende Erneuerung des Schlosses Herrenhausen, aber auch die Sanierungsmaßnahmen im Schlosstheater waren sichtbares Zeichen für Erneuerung und kulturelle Impulse; sie waren bleibende Zeugen des Besuches, setzten ihm gleichsam ein bauliches Denkmal. Mindestens so spektakulär mussten auf die Zeitgenossen die erwähnten imposanten Ehrenpforten oder Ehrenbögen wirken. Mit ihnen knüpften Auftraggeber und Künstler an bewährte Formate städtischer Festkultur an, die schon im Mittelalter bei Fürstenbesuchen zum Ehrenerweis Anwendung fanden.[36] Typisch für dieserart identitätsstiftende Siegesfeiern und entsprechende Anlass-Architekturen war die für den Wiedereinzug von Militärgouverneur Herzog Adolf Friedrich errichtete Triumphbogen-Architektur zur Feier der siegreichen »Völkerschlacht« bei Leipzig.[37] Allerdings waren die Ehrenpforten nicht von Bestand: leicht aus Holz und wenig haltbaren Materialien allein für diesen einen zeremoniellen Anlass gefertigt, konnten sie nur Erinnerungszeichen auf Zeit sein und verschwanden nach und nach aus dem öffentlichem Raum.[38] Andererseits erlaubte die während der königlichen Reise oft beschworene Überwindung der napoleonischen Herrschaft durchaus die Assoziation »Triumphbogen« – seit der Antike überliefert und gedanklich mit dem Waterloo-Ereignis verknüpft.[39] Andere Rituale – etwa die Schlüsselübergabe oder das Hereinziehen des fürstlichen Wagens durch Menschenkraft – gehörten ebenfalls zum traditionellen Repertoire der Ehrerbietung und blieben daher über Generationen in Erinnerung. Viele der 1820/21 gebauten Ehrenpforten sind jedoch nicht allein als Zeichen von Lob, Ergebenheit oder unterwürfiger Huldigung zu bewerten. Vielmehr trugen sie durch die Wahl ihrer Form und die Bestimmung ihrer Inhalte durchaus Botschaften, mit denen die auftraggebenden Bürger Erwartungen

Abb. 23
Johann Heinrich Ramberg
Allegorische Darstellung für die Ostseite eines Ehrenbogens
Tafel 3 in: Heinrich Dittmer: Authentische u. vollständige Beschreibung aller Feyerlichkeiten […], Hannover 1822
Historisches Museum Hannover, VM 043612

an den König richteten. Sie traten also in eine Kommunikation mit dem Herrscher ein, gemahnten einerseits durch die von Hofbaumeister Laves in klassizistischer Manier ausgeführten Architekturen an klassische Werte und Herrscherideale und forderten andererseits durch die von Hofmaler Ramberg geschaffenen Allegorien und personifizierten Tugenddarstellungen vorbildliches Herrscherverhalten ein.[40]

Gleichsam als Antwort – wenn auch nicht als programmatisch aufzufassender Wertekanon für künftiges Regierungshandeln – kann die rhetorisch brillante Replik auf die Huldigung zur Genesungsfeier in Herrenhausen gelten: Mit dem Satz »Hannoveraner will ich bleiben […]« scheint der König den Kommunikationsakt gleichsam auf- und angenommen zu haben und – jenseits aller Objektivität – ein Bekenntnis zu emotionaler Nähe, Identität und Treue abzulegen.[41]

Kaum ein Geschichtsereignis im Kontext der Personalunion Großbritannien-Hannover ist emotional und hinsichtlich seines Erinnerungswertes so kontinuierlich hoch und positiv bewertet worden wie der königliche Staatsbesuch im Oktober 1821. Und dies, obwohl er doch ereignisgeschichtlich mit dem Zenit der restaurativen und antiliberalen Politik des Grafen Münster zusammenfällt. Scheint es doch schwer fassbar, dass sich bürgerliche Kreise zur Huldigung eben jenes Monarchen zusammenfanden, der etwa die im Königreich Westphalen wirksame Gewerbefreiheit revidierte und die Novelle des Zensuredikts von 1709 sanktionierte.

Der diesen Ausführungen zugrunde liegenden Chronik des Zeitgenossen Heinrich Dittmer kommt nicht allein die Funktion eines Berichtes über das historische Ereignis zu, sondern sie ist zugleich einer seiner wichtigen Bestandteile[42]: Neben der stets positiven, geradezu überschwänglich begeisterten Darstellung der Begebenheiten wird der Herrscherbesuch gleichsam historisch aus der Tradition der landesherrlichen Visiten seit 1714 hergeleitet und damit legitimiert. Außerdem fängt die Chronik im Sinne einer gründlichen Dokumentation die Vielfalt der zahlreichen zeittypischen Veranstaltungs- und Darbietungsformate ein: die Konzerte, Audienzen, Empfänge, Festessen, Jagden und Militärparaden, die Lieder, Gebete und gereimten Ehrerbietungen, die Texte von Aufführungen, die ephemeren Bauten und Kunstwerke – nicht zuletzt in zum Teil farbigen Abbildungen.

Abb. 24
J. G. Huck
Ludwig Graf von Wallmoden-Gimborn
Aquatinta, Hannover 1798
Historisches Museum
Hannover, VM 030344

Abb. 25
Schloss Herrenhausen 2013
Gartenseite,
Foto Reinhard Gottschalk

An den Besuch von König Georg IV. erinnert nicht allein das Buch von Dittmer. Auch ein so nachhaltig signifikantes Symbol wie die von Georg IV. eingeführte gelb-weiße Nationalkokarde verbindet sich mit seiner Visite.[43] Ihr Farbprogramm steht seither für alles Hannoversch-Welfische, von der Landesfarbe seit 1837 über die Fahne der Deutsch-Hannoverschen Partei in den 1920er-Jahren bis zur Flagge des Hauses Hannover in unseren Tagen. Volkstümlich kolportiert führt sich sogar die farbige Schichtung einer in Niedersachsen recht beliebten Dessert-Speise auf das von Georg IV. festgelegte heraldische Programm zurück. Aber auch die Bezeichnung des großen, von Johann Ludwig von Wallmoden-Gimborn (1736 – 1811) angelegten Landschaftsgartens in Herrenhausen sowie Namen von Straßen und Plätzen in Hannover erinnern an den schillernden Monarchen. Seit 2013 ist das 1943 zerstörte Schloss Herrenhausen wieder Teil der Herrenhäuser Gärten und deren architektonischer Bezugspunkt, aus dem sich das Gesamtensemble aussagekräftig erschließt. Bewusst geschah der Wiederaufbau in den Formen der Laves'schen Fassadenmodernisierung im Stil des Klassizismus; er bildet so ein beredtes Erinnerungszeichen für eben jene Herrschervisite von 1821. Und nicht zuletzt verdankt ihm die Kulturförderinstitution Klosterkammer Hannover ihre Gründung als Landesbehörde.

Doch das wohl schönste, kostbarste und narrativste Erinnerungsstück zum Besuch Georgs IV., ja zur Personalunion insgesamt ist gewiss der goldene »Staatswagen Nr. 1«, Leihgabe des Hauses Hannover im Historischen Museum Hannover: eine Kutsche für zwei Königreiche.

Anmerkungen

1 Saur: Allgemeines Künstlerlexikon Bd. 27, S. 454; von Rohr 1978, S. 166. **2** Dittmer 1822, S. 147 – 165; Hausmann 1873, S. 117; van den Heuvel 2013, S. 228. **3** Schwark 2013, S. 219, vgl. Stollberg-Rilinger 2010, S. 12; prononcierter noch: Weigel 2010, S. 269. **4** Im Kontext der königlichen Reisen nach Irland und Schottland kann die Hannover-Visite regelrecht als Teil einer gelungenen Imagekampagne des neuen Königs gelten: van den Heuvel 2013, S. 213 und 223. **5** Oberschelp 1988, S. 56, vgl. ebd. S. 2. **6** Sein Gebiet erstreckte sich über Teile der heutigen Bundesländer Nordrhein-Westfalen, Hessen, Thüringen, Sachsen-Anhalt, Niedersachsen sowie Hamburg und Bremen. **7** Hauptmeyer 2009, S. 81 f. **8** Oberschelp 1988, S. 46; zur emotionalen Dimension der Wiederherstellung Kurhannovers nach dem französischen Regime und der propagandistischen Konstruktion einer »Befreiung« als Verdienst Großbritanniens: van den Heuvel 2013, S. 216. **9** Oberschelp 1988, S. 75. **10** Hausmann 1873, S. 114 – 119; Dittmer 1822; zu den übrigen zeitgenössischen Berichten über die königliche Visite s. van den Heuvel 2013, S. 211, Anm. 3. **11** In der Ausgabe des Historischen Museums Hannover sind zwei der Kupferstiche koloriert; es fehlt Tafel 18, die bei Erscheinen des Buches auch nicht ausgeliefert wurde; Dittmer plante die Herausgabe eines Ergänzungsbandes, Dittmer 1822, S. 108, Anm. 69. **12** Böttcher/Mlynek/Röhrbein/Thielen 2002, S. 151 f. **13** Dittmer 1822, Tafel 11. **14** Vgl. ADE 1894, S. 84 – 94. Zu den Huldigungsereignissen in Stadt und Amt Osnabrück: van den Heuvel 2013, S. 226. **15** Dittmer 1822, S. 94 f. **16** Zur Terminologie vgl. Erffa 1958, Sp. 1455, grundsätzlich Knauer 2008, S. 75. **17** Dittmer 1822, S. 108 – 111, vgl. Knufinke 2010. **18** Adam 2006, S. 223. **19** Dittmer 1822, S. 119. **20** Dittmer 1822, S. 121 – 123, Taf. 2 und 7; Hausmann 1873, S. 114; zum Gefolge des Königs: van den Heuvel 2013, S. 229. **21** von Rohr 1998, S. 55 f., vgl. Dittmer 1822, Taf. 3 bis 6. **22** Dittmer 1822, S. 123 – 125. **23** Dittmer 1822, S. 130, 152, vgl. Böttcher/Mlynek/Röhrbein/Thielen 2002, S. 178 f. **24** von Rohr 1985, S. 250. **25** Dittmer 1822, S. 147 – 165; Hausmann 1873, S. 117; van den Heuvel 2013, S. 228. **26** Dittmer 1822, S. 141, S. 167 f. **27** Dittmer 1822, S. 175, im Detail: S. 176 – 184. **28** Dittmer 1822, S. 184, S. 187 – 193; siehe auch die vorzügliche Bildquelle, Abb. 21. Die Bildunterschrift zu dieser Lithografie – im Original gezeichnet von Oberfeuerwerker G. H. Hoffmann – weist zahlreiche kommentierende Details auf und betont den Anlass des Feuerwerks: den Jahrestag der »Völkerschlacht« bei Leipzig. **29** Dittmer 1822, S. 193; wieder hatte Laves die entsprechenden Entwürfe geliefert, vgl. Dittmer 1822, S. 194 – 197. **30** Dittmer 1822, S. 197; als Misserfolg verbucht die Jagd van den Heuvel 2013, S. 230. **31** Dittmer 1822, S. 201 – 205; zur politischen Bedeutung des Diplomatentreffens von Herrenhausen: van den Heuvel 2013, S. 230. **32** Dittmer 1822, Anm. auf S. 207 – 209, 211; zur Presseberichterstattung in London: van den Heuvel 2013, S. 231. **33** Dittmer 1822, S. 79, 213. **34** Dittmer 1822, S. 221, vgl. Böttcher/Mlynek/Röhrbein/Thielen 2002, S. 58 f. **35** Dittmer 1822, S. 263, 294. **36** Reinle 1987, S. 130. Zu den Traditionslinien und Vorbildern siehe Schenk 2003, S. 276 und Weigel 2010, S. 269. **37** Siehe Kat. Nr. 68. **38** Zu Architekturformen mit okkasionellem Zeremonialcharakter: Schenk 2003, S. 314. **39** Dittmer 1822, S. 169. **40** Vgl. Philipp 2011, S. 198. **41** Dittmer 1822, S. 211; zur naheliegenden Assoziation mit der sprichwörtlichen Sentenz des US-Präsidenten Kennedy anlässlich des Berlin-Besuches 1963 s. van den Heuvel 2013, S. 231, 233. **42** Schon die mittelalterlichen und frühneuzeitlichen Besuchsrituale wurden regelmäßig von dokumentierenden, freilich stets positiv berichtenden Ereignischroniken begleitet, Weigel 2010, S. 269. **43** Dittmer 1822, Frontispiz mit Unterschrift »Allgemeines Ehrenzeichen der Hannoveraner«; zu den Einführungsmodalitäten Neubecker 1935, S. 105.

Die Ausstellung: Aspekte und Perspektiven

THOMAS SCHWARK

Vater und Sohn

König Georg III. (1738–1820) übernahm 1760 die Regierung über Großbritannien und Irland sowie über Kurhannover von seinem Großvater. Noch befand sich das Land im sogenannten Siebenjährigen Krieg. Aus diesem weltweit ausgetragenen Konflikt – Kampfgebiete waren neben dem Deutschen Reich Portugal, Indien, die karibischen Inseln, die Weltmeere und vor allem Kanada und Nordamerika – ging Großbritannien als neue, global agierende Hegemonialmacht hervor.

Georg III. war als erster »Hanoverian« bereits in England geboren, fühlte sich ganz als Brite und fand in seinen 60 Regierungsjahren zu keiner Zeit die Gelegenheit, sein deutsches Kurfürstentum aufzusuchen. Er war seit 1761 mit Charlotte Sophie von Mecklenburg-Strelitz (1744–1818) verheiratet und führte eine offensichtlich harmonische Ehe. Dass er sich mit Mätressen umgeben hätte – bei Hof absolut üblich und gesellschaftlich akzeptiert –, ist für Georg III. nicht bekannt. Das Paar hatte fünfzehn Kinder – neun Söhne und sechs Töchter. Für die große Familie erwarb der König 1762 Buckingham House, Ursprung des heutigen Buckingham Palace. Viele Engländer schätzten den Lebensstil und den religiösen Habitus des zumeist zurückgezogen mit der Familie in Kew auf dem Land lebenden Königs. Hier widmete er sich persönlich der Landwirtschaft und wurde deshalb im Volksmund »Farmer George« genannt. Während seiner Regierungsjahre stieg Großbritannien zur Weltmacht auf, vergrößerte und festigte sein Kolonialreich, geriet aber 1775 auch in den Unabhängigkeitskrieg gegen die nordamerikanischen Kolonien. Er endete 1781 mit der Kapitulation der britischen Truppen; 1783 musste König Georg III. die Unabhängigkeit der USA anerkennen.

Schon 1765 war bei Georg III. aufgrund einer Stoffwechselerkrankung eine psychische Störung aufgetreten, die allmählich zunahm und ihn 1788 für längere Zeit an den Regierungsgeschäften hinderte. 1810 erkrankte der König schließlich so sehr, dass die bereits 1789 vom Parlament beschlossene Bill of Regency in Kraft trat und sein ältester Sohn Georg (1763–1830) dauerhaft die Regentschaft übernahm.

Abb. 1
Nach Allan Ramsay
Königin Charlotte Sophie im Krönungsornat
Öl auf Leinwand, nach 1762
Historisches Museum Hannover, VM 026992

Abb. 2
Nach Allan Ramsay
Georg III., König von Großbritannien und Irland, Kurfürst von Hannover
Das Bild zeigt den König im Krönungsornat mit Hermelinmantel, darüber die große Kette des Georgsordens.
Öl auf Leinwand, nach 1762
Historisches Museum Hannover, VM 026991

Der erstgeborene Sohn Georgs III. erhielt den Namen Georg August Friedrich und als künftiger Thronfolger den Titel »Prince of Wales«. Das Verhältnis zwischen Vater und Sohn war sehr angespannt: Ganz im Gegensatz zu Georg III. pflegte der Thronfolger einen besonders extravaganten, kostspieligen Lebensstil, verursachte hohe Schulden und geriet wegen häufiger Affären in die öffentliche Kritik. 1785 schloss er ohne Billigung des Königs die Ehe mit der Katholikin Maria Fitzherbert (1756–1837), die geheim bleiben musste, weil sie gemäß des Act of Settlement von 1701 wegen der katholischen Konfession der Gattin die Thronfolge Georgs ausschloss. Während sich der König weigerte, die Schulden des Sohnes zu übernehmen und ihn zum Auszug aus dessen Residenz Carlton House zwang, erreichten Freunde des Thronfolgers die finanzielle Unterstützung durch parlamentarische Beschlüsse.

Nachdem sich der Vater nach der Regentschaftskrise von 1788 kurzfristig erholt hatte, erfolgten 1810 Rückfall und Verschlimmerung der Krankheit; Kronprinz Georg übernahm seitdem dauerhaft die Regierungsgeschäfte und erhielt mit dem Regency Act 1811 im Februar des folgenden Jahres die volle königliche Gewalt. Damit war er zugleich auch Landesherr über das Kurfürstentum Hannover. In die Zeit seiner Regentschaft fallen die Besetzung des Kurstaats durch die Truppen Napoleons und seine Zerschlagung mit Gründung des Königreichs Westphalen – allerdings auch 1814 die Erhebung Kurhannovers zum Königreich.

Nach dem Tod seines Vaters bestieg er 1820 als Georg IV. den Thron – und anders als der Vater unternahm er unmittelbar nach seiner Krönung wichtige Reisen nach Irland, Schottland und ins Königreich Hannover.

Abb. 3
Georg III., König von Großbritannien und Irland, Kurfürst von Hannover
kolorierter Kupferstich, 1812
Historisches Museum Hannover, VM 027464

Abb. 4
»Georg von Wallis / Kron Prinz von England«
um 1780 (Kat. Nr. 36)

Abb. 5
Johann Heinrich Ramberg
Hannover von Nordosten
Aquatinta, London 1816
Historisches Museum
Hannover, VM 045043

Bauernland

Basis aller ökonomischen Aktivitäten im Kurfürstentum Hannover war im gesamten 18. und bis weit in das 19. Jahrhundert hinein die Landwirtschaft. Sie diente nicht nur zur Versorgung der Menschen im Land, sondern lieferte Getreide, Holz, Flachs und Wolle sowohl als Markt- und Handelsware wie auch als Grundlage für die Flachsspinnerei und Leinenweberei, die im 18. Jahrhundert allmählich auf dem Land einsetzte. Die Ernteerträge waren bis etwa 1770 immer wieder durch Missernten oder andere Krisen geschmälert worden. 80 Prozent der Einwohner Kurhannovers wohnten und arbeiteten auf dem Land. Die meisten von ihnen unterstanden den Eigentümern des Bodens: dem Landesherrn, den adeligen Grundherren, den Klöstern.

Die dörfliche Gesellschaft war durchaus von Gegensätzen geprägt. Neben den Vollmeiern mit Landflächen von 30 bis 40 Hektar gab es etwa im Calenberger Land die Höfelinge, die Voll- und Kleinkötner und die Beibauern. Letztere verfügten nur über 1,5 Hektar Land oder gar weniger. Wer sich, seine Familie und vielleicht die Altenteiler nicht aus dem Hof ernähren konnte, ging einem Nebenerwerb nach und betätigte sich als Leineweber, Tischler, Gastwirt oder Spielmann. Im Dienst anderer Bauern fand sich Arbeit als Schafmeister oder Schäferknecht, als Kuh- oder Schweinehirte, als Magd oder Knecht, womöglich auch als Tagelöhner auf einem der großen Höfe oder in einer Domäne.

Traditionell bildete das große Hallenhaus das Zentrum des Betriebes. Hier wohnten alle zum Hof gehörenden Personen zusammen – einschließlich der Altenteiler bis zu acht Menschen. Links und rechts der großen Diele lagen die Ställe, im hinteren Bereich die Herdstelle mit den dahinter liegenden Wohnstuben.

Zu den festgelegten Terminen waren der Grundherrschaft die fälligen Ernteabgaben und Steuern – zum Beispiel das seit dem Siebenjährigen Krieg erhobene Kopfgeld – zu liefern. Die traditionellen Hand- und Spanndienste wurden seit 1775 allmählich in Geldabgaben umgewandelt, von denen auf den landesherrlichen Domänen nun Tagelöhner beschäftigt wurden. Diese Regelung war Teil kameralistischer Agrarreformen, die am Ende des 18. Jahrhunderts zuerst in Großbritannien entwickelt wurden. Zur Steigerung der landwirtschaftlichen Effektivität sollte auch die Umwandlung der als »Gemeinheit« bezeichneten gemeinschaftlich genutzten Flächen zu Agrarland beitragen, außerdem die Aufgabe der Brache und Einführung des Fruchtwechsels sowie die Verkoppelung disparat liegender Felder.

Von London aus förderte kein Geringerer als König Georg III. selbst die Modernisierung der Landwirtschaft. Sein Leibarzt, der in Celle geborene Albrecht Daniel Thaer (1752–1828), beschäftigte sich ebenfalls leidenschaftlich mit Blumenzucht und Landwirtschaft und trat 1780 in die Celler Landwirtschaftsgesellschaft ein. In dieser 1764 gegründeten Interessengemeinschaft wurden neue Anbaumethoden und Geräte diskutiert. Hier berichtete Thaer 1798 über den zukunftweisenden Stand der englischen Landwirtschaft: »Einleitung zur Kenntniß der englischen Landwirthschaft und ihrer neueren praktischen und theoretischen Fortschritte, in Rücksicht auf Vervollkommnung deutscher Landwirthschaft für denkende Landwirthe und Cameralisten«. Thaer begründete den wissenschaftlichen Landbau und setzte sich für das System des Fruchtwechsels ein. Er propagierte zum einen die ertragssteigernde Wirkung der Rückstände von Ackerfutterpflanzen und zum anderen den Erfolg der gezielten Ausbringung von Stalldung als wichtige Faktoren zur Erhöhung der Bodenfruchtbarkeit. Auch der sich erst langsam verbreitende Kartoffelanbau gehörte zu den Empfehlungen im Rahmen des Fruchtwechsels. Er betrieb selbst mehrere Musterhöfe, die er nach britischem Vorbild organisierte, und gründete 1802 das erste deutsche Landwirtschaftliche Lehrinstitut. Zu seinen Forderungen gehörten auch gesellschaftliche Veränderungen, so die Einschränkung traditioneller Privilegien des Landadels. Doch setzten sich diese Ansätze erst mit der Ablöseordnung von 1833 durch.

Abb. 6
Landwirtschaftsszene
in: Dr. A. Thaer's Beschreibung der nutzbarsten neuen Ackergeräthe (Kat. Nr. 10)

Abb. 7
Albrecht Thaer
Kupferstich, 1803
in: Dr. A. Thaer's Beschreibung der nutzbarsten neuen Ackergeräthe (Kat. Nr. 10)

Abb. 8
Schnupftabakdose
1820/1830
(Kat. Nr. 11)

Abb. 9
Nach Johann Ludwig Strecker
Georg Christoph Lichtenberg
Radierung, undatiert
Historisches Museum
Hannover, VM 033309

Made in Britain

Um 1800 war London, die »ungeheure Stadt« – wie sie Georg Christoph Lichtenberg (1742 – 1799) anlässlich seiner Reise 1774 beschrieb –, zur wirtschaftlichen Weltmetropole herangewachsen. Über den Hafen lief der Großteil des britischen Im- und Exportgeschäfts dieser Zeit, an der Themse war der größte Bank- und Handelsplatz der Welt entstanden. In kaum einer anderen Stadt zeigte sich zudem die Entwicklung der modernen Konsumgesellschaft so klar wie in der britischen Hauptstadt: Produktion und Handel dienten nicht mehr allein elementarer Bedürfnisbefriedigung, sondern richteten sich zunehmend auf die Annehmlichkeiten des Lebens und auf die Weckung von Bedürfnissen.

Das Konsumieren von Waren – auch Luxusgütern – bedeutete nicht mehr Lebensnotwendigkeit, sondern Lebensgefühl. Dieses Flair strahlte London aus und hatte sich nicht zuletzt deshalb zu einem attraktiven Reiseziel entwickelt, so etwa für den Offizier und Schriftsteller Johann Wilhelm Daniel von Archenholz (1741 – 1812), der London im Jahr 1785 besuchte. Bemerkenswert erschienen ihm die Gehsteige, die angesichts des rasanten Straßenverkehrs den Fußgängern Schutz vor den rücksichtslos fahrenden Pferdewagen boten.

Stets aber berichten die Zeitgenossen von einer faszinierenden Kultur der Warenwelt, die sich ihnen in London bot. Hier gab es herrlich gestaltete Warenauslagen, die Geschäfte waren mit großen Glasfenstern ausgestattet »so nett, so glänzend, in solchen Mengen zur Auswahl aufgestellt, daß man lüstern werden muß«, so die Schriftstellerin Sophie von La Roche (1730 – 1807). Und ein anderer Besucher notierte 1810: »Kostbare Halstücher aus Ostindien, Brokat und Seidengewebe aus China, eine Welt von Gold- und Silbergeschirr, ein Meer von Ringen, Uhren, Ketten, Armbändern, Federbüschen, Konfektionskleidung, Bandwaren, Spitzen, Hüte und Früchte aus allen bewohnbaren Gegenden der Erde ziehen den Blick auf sich, führen die Augen in Versuchung, erstaunen sie und lenken sie ab.«

Abb. 10
Unbekannter Künstler
Hannover von Südwesten um 1830
im Vordergrund das Gaswerk Glocksee
kolorierter Stahlstich, o. J.
Historisches Museum Hannover, VM 059029

Die London-Reisenden waren begeistert, dass es hier ein vielfältiges Angebot unterschiedlicher Manufakturwaren für jeden Geschmack und Komfort unmittelbar und ohne Bestellung zu kaufen gab. Die Stadt verströmte Eleganz, die Geschäfte beeindruckten mit ihren wohldekorierten Auslagen von Glas und Silber, Kuchen und Früchten, Stoffen aller Qualitäten. Wer sich diesen Luxus nicht leisten konnte, dem blieb zumindest das Erlebnis einer ganz neuen Konsumästhetik beim Betrachten dieser inszenierten Warenwelt.

Ihr baukünstlerisches Pendant fand diese Erscheinung im Entwurf repräsentativer Stadträume durch den Architekten und Stadtplaner John Nash (1752 – 1835), die Kronprinz Georg veranlasste. In die Zeit seiner Regentschaft fallen so charakteristische Bauprojekte wie die Regent Street, Trafalgar Square, Piccadilly Circus und der Regent's Park.

Zu den stets von den deutschen Reisenden bemerkten Großstadtphänomenen gehörten auch die sich an vielen Plätzen Londons offen anbietenden Prostituierten. Tatsächlich können der Glanz der Warenwelt und alle England-Begeisterung der Reisenden nicht über die Kehrseiten des luxuriösen Lebensstils hinwegtäuschen, die mit dem rasanten Anwachsen der Einwohnerzahl – 1800 lebten in London eine Million Menschen, 1830 sogar 1,6 Millionen – verbunden waren und sich in wachsenden sozialen Gegensätzen zeigten. Wohlhabenden Adeligen und einer Gruppe reicher Bürger stand die rasch wachsende Zahl von Menschen in prekären Lebens- und Arbeitsverhältnissen gegenüber.

Viele der in London angebotenen Produkte, vor allem Kolonial- und Manufakturwaren, gelangten nach Hannover. Manche technischen Entwicklungen englischer Ingenieure wurden indessen erst zeitversetzt aufgegriffen, so errichtete die »Imperial Continental Gas Association« 1826 ein Gaswerk in der Glocksee zur Beleuchtung der Innenstadt.

Abb. 11
J. C. Schrader
Gerlach Adolf von Münchhausen
Kupferstich, 1747
Historisches Museum
Hannover, VM 026243

Abb. 12
Unbekannter Künstler
Reichsgraf Johann Caspar von Bothmer
Kupferstich, um 1700
Historisches Museum
Hannover, VM 038188

Fernbeziehung

Mit der dynastischen Union zwischen Großbritannien und Hannover war zwangsläufig die grundsätzliche Abwesenheit der Landesherren von ihrem deutschen Territorium verbunden. Nur noch selten kamen die Kurfürsten in ihr Stammland, zu sehr waren sie zu Regierungsgeschäften in London gebunden. Eine Landesherrschaft im jungen Kurstaat ließ sich nun in der bis 1714 bestehenden Art und ohne Schaffung geeigneter Regierungsstrukturen nicht mehr aufrechterhalten. Kurz bevor Kurfürst Georg Ludwig (1660 – 1727) im September 1714 nach London aufbrach, erließ er daher ein Regierungsreglement mit 35 Einzelbestimmungen, »nach welchem in Unserm Abwesen nach Unsern Königreichen jetzt und künftig bis zu anderweiter Verordnung Unsere allhier hinterlassende Geheimte Räthe wegen der Regierung Unserer Braunschw. Lüneburg. und dazu gehörigen Lande sich zu achten«.

In Hannover bestand also eine Reihe von Zentralbehörden fort, darunter neben der Kriegskanzlei und dem Konsistorium die »Geheimen Räte«. Diese überwiegend mit Adeligen besetzte Kollegialbehörde bildete gleichsam die Landesregierung, verhandelte mit den grundbesitzenden Landständen, beaufsichtigte das Finanzwesen und agierte in auswärtigen Angelegenheiten. In vielen Angelegenheiten behielt sich der Kurfürst-König die letzte Entscheidungsbefugnis vor, weshalb die »Allerhöchste Meinung« oft umständlich aus London eingeholt werden musste. Die meisten Vorgänge bedurften der Schriftform, sodass regelmäßig Berichte, Briefe, Erlasse, Gesetze, Verordnungen und Urkunden über den See- und Landweg transportiert wurden. Dies dauerte – günstige Winde und gutes Reisewetter vorausgesetzt – jeweils mindestens eine Woche. Allein die Überfahrt vom niederländischen Hellevoetsluis nach Harwich konnte fünf Tage dauern.

Als Pendant zum kurfürstlichen Ratskollegium in Hannover wurde in London die »Deutsche Kanzlei« geschaffen, hervorgegangen aus der Behörde für »Teutsche Etatssachen« im St. James's Palace. Das Wirken und die Bedeutung dieser aufeinander bezogenen Institutionen waren stark von den jeweils agierenden Persönlichkeiten abhängig: Während Andreas Gottlieb von Bernstorff (1649 – 1726) und Johann Caspar von Bothmer (1656 – 1732) an der Spitze der Deutschen Kanzlei einen starken Einfluss auf die deutsch-britische Politik ausübten, lenkte Gerlach Adolf von Münchhausen (1688 – 1770) unter König Georg II. erfolgreich die Regierungsgeschicke von Hannover aus. In diesem Ministeramt gründete er 1734 die Universität Göttingen und stieg unter Georg III. 1765 zum Premierminister auf. In der Zeit Georgs IV.

Abb. 13
Unbekannter Künstler
Bibliothek der Universität Göttingen
Kupferstich, um 1750
Historisches Museum Hannover, VM 038587

– auch bereits in den Jahren der *Regency* – dominierte der einflussreiche Ernst Friedrich Herbert von Münster (1766-1839) die Hannover-Politik als Kabinettsminister und Chef der Deutschen Kanzlei.

Als das von napoleonischen Truppen unterworfene Kurhannover 1807 zunächst partiell und 1810 weitgehend im neu gegründeten Königreich Westphalen aufging, blieben die Nordseeküste und ihr Hinterland hiervon ausgenommen und direkt dem französischen Kaiserreich unterstellt. Dahinter stand die Absicht, die von Napoleon Bonaparte (1769 – 1821) verhängte Kontinentalsperre gegen England besonders wirkungsvoll kontrollieren zu können. Diese Wirtschaftsblockade war der Versuch Frankreichs, nach der mit der Niederlage bei Trafalgar (1805) gescheiterten Annexionspolitik gegen Großbritannien London nunmehr durch Unterbindung seines kontinentalen Handelsverkehrs zu treffen.

Die behördlichen Strukturen im Kurstaat wurden seit der Besetzung Hannovers durch napoleonische Truppen 1803 zehn Jahre lang französisch kontrolliert, eine Kommunikation zwischen den Zentren Hannover und London war fast gänzlich unmöglich geworden. Gleichwohl bestand abseits der offiziellen Wege ein informelles Netz aus persönlichen Verbindungen.

Abb. 14
Zivil-Uniform aus der Zeit des Königreichs Westphalen
1807 – 1813 (Kat. Nr. 49)

N

Ehepflichten

Das luxuriöse Leben von Kronprinz Georg und die Liebe zur Kunst und Mode seiner Zeit erwiesen sich als außergewöhnlich kostspielig. Die Ausgaben überstiegen seine Möglichkeiten bei Weitem, sodass sich die Schulden anhäuften. Als die Summe 1794 auf über eine halbe Million Pfund angewachsen und das Parlament zu einer bedingungslosen Übernahme nicht mehr bereit war, eröffnete sich ein Ausweg nur in einer ordentlichen Eheschließung des Prinzen, gleichsam einer »guten Partie«. Die Ehe des zukünftigen Königs war zugleich die Voraussetzung für die Geburt legitimer Erben und eines rechtmäßigen Thronfolgers. Und tatsächlich heiratete Georg 1795 – nach der heimlichen, illegitimen Beziehung zu Maria Fitzherbert – nunmehr offiziell. Aber diese Ehe mit seiner Cousine Caroline von Braunschweig-Wolfenbüttel (1768 – 1821) war unglücklich und von Anfang an von Antipathie gekennzeichnet.

Dabei brachte die Verbindung diplomatisch und mächtepolitisch nur Vorteile: Carolines Vater, Karl Wilhelm Ferdinand von Braunschweig-Wolfenbüttel (1735 – 1806), gefeierter Befehlshaber der gegen Frankreich alliierten Truppen im Siebenjährigen Krieg, verheiratet mit der englischen Prinzessin Augusta (1737 – 1813), verkörperte die Verbindung zu Preußen und verhieß damit den Schulterschluss gegenüber Frankreich. Die Aversion der Eheleute war indessen unüberwindlich, obwohl 1796 die gemeinsame Tochter Charlotte Augusta (1796 – 1817) geboren wurde. Die Eltern trennten sich im Jahr darauf trotz intensiver Versöhnungsversuche des Königs. Während in der höfischen Gesellschaft das in jeder Hinsicht ausschweifende Leben des Prinzen goutiert, sein Sinn für Ästhetik und die Förderung des als »Regency« bezeichneten Kunststils bereits zeitgenössisch anerkannt wurden, genoss die vom König abgelehnte und verbannte Caroline in der Bevölkerung viel Sympathie. Die Schriftstellerin Jane Austen (1775 – 1817) drückte ihr Verständnis für die Prinzessin von Wales in einem ihrer Briefe aus: »Arme [Caroline von Braunschweig]. Ich werde sie unterstützen, so lange ich kann, weil sie eine Frau ist und weil ich ihren Ehemann hasse […].«

Die wenigen öffentlichen Auftritte Carolines – etwa als Gast von Konzert- und Opernaufführungen – gerieten zu wahren Sympathiebekundungen des Publikums und ließen sie zur »Königin der Herzen« werden. Dies lag nicht zuletzt im als anstößig empfundenen Lebenswandel des Prinzen begründet, der neben zahlreichen Affären offen mit einer der Hofdamen seiner Frau liiert war und gleich nach der Geburt der Tochter seine illegitime Ehefrau Maria Fitzherbert zu seiner Haupterbin bestimmte; die Heirat mit ihr ließ er vom Papst bestätigen.

◄ Abb. 15
Büste des französischen Kaisers Napoleon Bonaparte
19. Jahrhundert
(Kat. Nr. 47)

Abb. 16
Francesco Bartolozzi
Kronprinz Georg (IV.) und seine Gemahlin Caroline von Braunschweig
Kupferstich nach einem Gemälde von Henri de Janvry, 1797, Historisches Museum Hannover
VM 026281

Abb. 17
Willem van Senus
Caroline von Braunschweig, Gemahlin Georgs IV.
Mezzotinto (Schabkunstblatt) nach einem Gemälde von John Raphael Smith 1798, Historisches Museum Hannover, VM 026282

Abb. 18
Prinzregent Georg
1817 (Kat. Nr. 40)

Abb. 19
Schnupftabakdose mit dem Profilrelief des Prinzregenten Georg
1811 (Kat. Nr. 41)

Abb. 20
A Connoisseur examining a Cooper
Georg III. beim Betrachten einer Miniatur
1792 (Kat. Nr. 5)

Auch Caroline setzte sich wegen ihrer unkonventionellen Umgangsformen und ihres bei Festen und Abendgesellschaften frivol erscheinenden Verhaltens einer gewissen Kritik aus. Sie lebte auf ihrem Landsitz Montague House, konnte einen regelmäßigen Kontakt zu ihrer Tochter pflegen und widmete sich zeitweise der Fürsorge bedürftiger Kinder. Zwischen 1814 und 1821, dem Jahr der Krönung Georgs IV., betrieb er die Scheidung, indem er Caroline regelmäßig beschatten ließ, um ihr ehewidrige Verfehlungen nachweisen zu können.

Die gemeinsame Tochter Charlotte stand bis zu ihrem frühen Tod an zweiter Stelle der britischen Thronfolge. In Großbritannien hätte sie Königin werden können, im Kurfürstentum und Königreich Hannover waren Frauen indessen nicht thronberechtigt.

Gesichter Georgs

Georg IV. ließ sich oft und gern von den renommiertesten Malern seiner Zeit porträtieren. Es existieren hochklassige Gemälde von John Russell (1745 – 1806), Thomas Lawrence (1769 – 1830) und William Beechey (1753 – 1839), eindrucksvoll sind auch die feinen Miniaturen von Richard Cosway (1742 – 1821) und das 1829 im Anschluss an Georgs Besuch in Edinburgh entstandene Bild des Schotten David Wilkie (1785 – 1841), das den König im Kilt zeigt. Auch der Präsident der Royal Academy of Arts, Joshua Reynolds (1723 – 1792), und der Bostoner John S. Copley (1738 – 1815) porträtierten Georg meisterhaft, allerdings zumeist geschönt und seine immense Leibesfülle kaschierend. Doch diese Bilder waren für einen überschaubaren Kreis bei Hofe bzw. für die Säle und Galerien in den Schlössern bestimmt.

Moderne Drucktechniken aber, wie der Kupferstich und das Mezzotinto im 18. sowie die Lithografie und der Stahlstich im 19. Jahrhundert, ermöglichten die qualitätvolle Vervielfältigung der Gemäldemotive. Grafische Blätter kamen daher zu Hunderten in den Handel und machten die Menschen mit den Mitgliedern der Adelsfamilien bekannt. Insbesondere das schon im 17. Jahrhundert durch Ludwig von Siegen (1609 – 1680) entwickelte Schabkunstverfahren erlaubte mit seinen verlaufenden, meist samtartig wirkenden Tönen ausdrucksstarke Druckgrafiken mit weichem, malerischen Duktus und hoher Plastizität.

Im Kurfürstentum Hannover hatte die öffentlichkeitswirksame Verbreitung von Porträts der regierenden Welfenfamilie eine besondere Tradition: Schon das Abbild der Kurfürstin Sophie (1630 – 1714), die 1701 die Anwartschaft auf die Krone in England erhielt, wurde durch Blätter zeitgenössischer Druckgrafik allgemein bekannt gemacht und – erläutert durch englischsprachige Beschriftungen – in London erst als potenzielle Thronfolgerin vorgestellt.

Freilich war der wegen seines Lebenswandels umstrittene Kronprinz Georg auch Motiv und Opfer der in England in Blüte stehenden Karikatur. Insbesondere James Gillray (1756–1815) nahm ihn ins Visier, etwa mit dem berühmten, 1787 entstandenen Blatt *Monstrous Craws, at a new Coalition Feast* oder mit dem Druck *A Voluptuary under the Horrors of Digestion*, der den Prinzen als einen der Völlerei ergebenen Faulpelz zeigt und damit auf dessen schon in jungen Jahren bemerkenswerte Köperfülle und Genusssucht anspielt. Tatsächlich liebte er es, in seinem Londoner Stadtpalast Carlton House oder im orientalisch anmutenden Sommerschloss in Brighton, Royal Pavilion, überdimensionierte Gastmahle mit scheinbar endlosen Speisefolgen zu veranstalten.

Neben den großformatigen, oft lebensgroß gemalten Staatsporträts, die mit der Darstellung von Krone, Zepter, Uniformen, Hosenbandorden und anderen signifikanten Attributen Herrschaftsanspruch und -legitimation zum Ausdruck brachten, entstand zugleich eine Vielzahl kleinerer Gemälde – in der Regel Brustbilder –, die oft als freundliche Erinnerung unter adeligen Verwandten dienten, insbesondere aber zur Anbahnung von Heiratsverbindungen zu den ausgewählten Adelsfamilien gesandt wurden. Dabei konnten sich allerdings erhebliche Unterschiede zwischen künstlerisch idealisierter Auffassung und realer Physiognomie ergeben.

Von den bedeutenden Staatsporträts der Kurfürst-Könige wurden regelmäßig und in unterschiedlichen künstlerischen Techniken, Qualitäten und Formaten Reproduktionen angefertigt. Sie hingen in Behörden und Amtsstuben des Kurfürstentums Hannover und sorgten – insbesondere in den sechzig Jahren des Fernbleibens von König Georg III. – für die mediale Präsenz des Landesherrn.

Sportflitzer

Um 1780 eroberte der Phaeton die Straßen in London. Der leichte, schnelle und wendige Wagen war nach dem Sohn des Sonnengotts Helios benannt. Der griechischen Sage nach und in der Darstellung des römischen Dichters Ovid (43 v. Chr.–17 n. Chr.) steuert Phaeton gegen alle Ratschläge des Vaters den Sonnenwagen, verliert die Kontrolle darüber und löst eine katastrophale Zerstörung aus.

Die als Phaeton bezeichnete Kutsche war kein Reisewagen, sondern diente dem kurzen Ausflug und dem sportlichen Vergnügen. Man steuerte diese spritzigen Gefährte selbst; ein Bediensteter fand allenfalls hinten auf einer schmalen Bank Platz, wo auch kleines Gepäck

Abb. 21
His Most Excellent Majesty, Georg IV.
1821 (Kat. Nr. 38)

Abb. 22
König Georg IV. von England und Hannover
Kupferstich, 1821, in: Heinrich Dittmer: Authentische u. vollständige Beschreibung aller Feyerlichkeiten [...], Hannover 1822, Historisches Museum VM 43612

Abb. 23
Phaeton des Prinzen Eduard, Herzog von Kent
nach 1783 (Kat. Nr. 42)

Abb. 24
Eduard, Herzog von Kent (1767 – 1820), Sohn Georgs III. von England
Öl auf Holz, Historisches Museum Hannover, VM 25597

Abb. 25
Thomas Woolnoth
Herzogin Marie Luise von Kent, Mutter der Königin Victoria
Lithografie nach einem Gemälde von George Dawe
Historisches Museum Hannover, VM 042006

verstaut werden konnte. Die schnelle Art der Fortbewegung war bei jungen Herren »von Familie« äußerst beliebt.

Der nach 1783 in London gebaute Phaeton wurde von Prinz Eduard August (1767 – 1820), Herzog von Kent, benutzt, als er sich zur militärischen Ausbildung in Kurhannover aufhielt. Er war der vierte Sohn von König Georg III., 1785 nach Lüneburg und im Jahr darauf in die Residenzstadt gekommen. Hier unterhielt er einen eigenen kleinen Marstall mit sechs Wagen und 24 Pferden. Doch schon zum Jahreswechsel 1786/87 musste Eduard auf Befehl des Königs wegen hoher Schulden Hannover wieder verlassen und ging zunächst nach Genf. Seinen Phaeton und einige andere Wagen ließ er in Hannover zurück, wo sie im königlichen Marstall verwahrt wurden. In den folgenden Jahren war er zunächst in Gibraltar eingesetzt, kommandierte danach verschiedene Einheiten in Nordamerika und Kanada und war zuletzt Gouverneur in Gibraltar. Er heiratete 1818 Marie Luise Viktoria von Sachsen-Coburg-Saalfeld (1786 – 1861). Das Paar bekam eine Tochter, die spätere britische Königin Victoria (1819 – 1901).

Der Phaeton des Herzogs Eduard von Kent wurde mit sechs Pferden bespannt und verfügte bereits über Scheinwerfer. Bemerkenswert ist die hochmodische, sehr dezente Bemalung in Dunkelrot und Beige mit den Wappen des Prinzen und den ihm verliehenen hohen Orden.

Fremdherrschaft

Nach der Kapitulation der hannoverschen Armee in den Konventionen von Sulingen und Artlenburg wurde Kurhannover ab 1803 zum Besatzungsgebiet. Eilends hatte sich die landesherrliche Verwaltung aus der Residenzstadt nach Hildesheim zurückgezogen; der hannoversche Kommandant Herzog Adolf Friedrich und mehrere wohlhabende Familien waren mit ihrem Hab und Gut nach England geflohen.

Der französische Befehlshaber General Édouard Adolfe Mortier bezog nun in Hannover das Alte Palais, sein Stabschef General Berthier richtete sich im Leineschloss ein. Für die übrigen Offiziere, Unteroffiziere und Mannschaften mussten die Bürger in ihren Häusern Quartiere schaffen; im Marstall wurde ein Militärlazarett, im Lyzeum ein Hospital eingerichtet. Im Sommer 1804 übernahm für kurze Zeit der französische Reichsmarschall Jean-Baptiste Bernadotte (1763 – 1844) das Kommando der Okkupationsarmee und richtete in Hannover ein kostspieliges Fest anlässlich der Kaiserkrönung Napoleons aus.

In den Interessenkonflikten der Großmächte verhielt sich der preußische König Friedrich Wilhelm III. (1797 – 1840) zunächst neutral, entschied sich dann allerdings nach der für Napoleon siegreichen Schlacht bei Austerlitz 1805 zu einem Bündnis mit Frankreich: Preußen trat Wesel, Neuenburg, Ansbach und Bayreuth an Frankreich ab und erhielt dafür zum Ausgleich das Kurfürstentum Hannover. Nachdem Graf Bernadotte Hannover im September 1805 verlassen und sich die französische Garnison nach Hameln zurückgezogen hatte, besetzten im Herbst zunächst preußische Soldaten das Land. Im Dezember folgten dann russische Truppen und Teile der im britischen Sold stehenden King's German Legion. Im Februar 1806 ließ wiederum Preußen seine Besatzungstruppen einmarschieren und machte am 1. April 1806 formal seine Rechte an Kurhannover geltend. Die legendäre Oktoberschlacht bei Jena und Auerstedt entschied über die Zukunft noch im selben Jahr wiederum anders: Schon am 10. November zog abermals Mortier in Hannover ein und etablierte nun endgültig das Besatzungsregime – im Land als »Franzosenzeit« bezeichnet, als Phase schmachvoller Unterdrückung empfunden und als solche in den folgenden Jahrzehnten immer wieder beschworen, um antifranzösische Ressentiments zu kultivieren. Die napoleonischen Besatzungstruppen setzten sich aus Soldaten unterschiedlicher Herkunft zusammen: Außer Franzosen gehörten auch Holländer, Spanier, Portugiesen, Schweizer und Italiener zu den in der Stadt einquartierten Verbänden.

Abb. 26
Zollschild mit Aufschrift »Königreich Westphalen. Hier giebt man Zoll.«
Öl auf Holz, 1810 – 1813
Historisches Museum Hannover, Leihgabe aus Privatbesitz

Tatsächlich wurden viele der bisherigen Verwaltungsstrukturen aufgehoben und das Gemeinwesen durch neue Vorschriften geregelt. So lösten die neuen Machthaber etwa das Deputations-Kollegium auf und ersetzten es durch eine Regierungskommission. Selbst die Einquartierung der Besatzungssoldaten wurde in einem speziellen Reglement festgelegt. Nachdem 1807 das »Königreich Westphalen« proklamiert worden war, richteten sich die französischen Behörden offenbar auf weitere heftige Kampfhandlungen ein, denn die alte Tierarzneischule und die Kaserne der vormaligen Leibgarde wurden zu Lazaretten ausgebaut; vor dem hannoverschen Clevertor entstand ein Hospital zur Behandlung geschlechtskranker Frauen. 1810 begann der Umbau des Leineschlosses zur Kaserne, 1812 die Einrichtung einer Remontestation für die Ausbildung von Militärpferden. Mehrfach zogen Truppenteile durch das Land und machten in der vormaligen Residenzstadt halt, um hier untergebracht und versorgt zu werden, so 1807 die 4 000 Mann starke Kaiserliche Garde.

Abb. 27
Büste König Jérôme
Gusseisen, Historisches
Museum Hannover, VM 30226

Abb. 28
Frühstücksgeschirr (»Déjeuner«)
um 1810 (Kat. Nr. 97)

Abb. 29
»Marsch der Franzosen nach der Hauptstadt Hannover, d. 5. Jun. 1803«
1803 (Kat. Nr. 44)

Da der neue Vasallenstaat Napoleons, zu dem 1807 zunächst nur die südlichen Regionen Kurhannovers, ab 1810 auch die nördlichen Departements – mit Ausnahme des Nordseeküstenstreifens – gehörten, von seinem Bruder Jérôme Bonaparte (1784–1860) von Kassel aus regiert wurde, blieben in Hannover die Demonstrationen der neuen Herrschaft überwiegend auf die Präsenz des Militärs beschränkt. Allerdings besuchte König Jérôme Hannover während seiner Regierungsjahre zweimal, um Huldigungen entgegenzunehmen und seiner königlichen Würde entsprechend spektakuläre Feste ausrichten zu lassen – der im September 1809 erfolgte Besuch von »König Lustik« kostete die Stadt mehr als 5 000 Taler. Jérôme residierte zu diesen Gelegenheiten im Schloss Herrenhausen.

1810 wurden die gesetzlichen Neuerungen des Code Napoléon eingeführt: Zivilstandsregister, ein zentrales Steuersystem, die Trennung von Verwaltung und Justiz, Religions- und Gewerbefreiheit, die Schaffung von Schwurgerichten. Außerdem wurde die hannoversche Alt- mit der Neustadt vereinigt.

Gleichwohl drückten die Lasten der Besatzung auf das Gesellschafts- und Wirtschaftsleben in Stadt und Land. Allein für die 1805 erfolgten Einquartierungen der unterschiedlichen Besatzungstruppen entstanden Kosten in Höhe von fast 350 000 Talern. Schon 1807 waren Kriegssteuern und Abgaben zur Unterhaltung der Okkupationstruppen ausgehoben worden. 1812 folgten eine Patentabgabe für Gewerbetreibende und eine neue Personensteuer. Bereits 1809 war die Einwohnerzahl durch Abwanderung um ein Viertel auf knapp 13 000 Menschen gesunken. Im September 1910 begannen die Behörden des Königreichs Westphalen, die nun geltende Militärpflicht umzusetzen, geeignet erscheinende junge Männer zu mustern und für den Dienst in der Grande Armée zu verpflichten.

Des Königs Legionäre

Es wirkten mehrere Faktoren zusammen, als 1803 den französischen Truppen unter General Édouard Adolfe Mortier (1768–1835) seitens der kurfürstlich braunschweig-lüneburgischen Armee keine Widerstände mehr entgegengesetzt werden konnten: unzureichende Ausstattung und Ausrüstung, mangelnde Abstimmung der hannoverschen Militärführung mit dem König und der Deutschen Kanzlei in London, vielleicht auch die Überalterung der Generäle – Oberbefehlshaber Graf Johann Ludwig von Wallmoden-Gimborn (1736–1811), außer-

Abb. 30
Königsfahne des 4. Linienbataillons
1806 (Kat. Nr. 52)

Abb. 31
Uniformrock und Zweispitz eines Stabsoffiziers
zwischen 1803 und 1812
(Kat. Nr. 48 + 50)

ehelicher Sohn von König Georg II., war inzwischen 67 Jahre alt. Bei Sulingen unterwarf sich das Heer und musste sich sodann hinter die Elbe ins Herzogtum Lauenburg zurückziehen. Georg III. ratifizierte die Kapitulation allerdings lediglich als hannoverscher Kurfürst, keinesfalls aber gestand er die Niederlage in seiner Rolle als britischer König ein. Dies veranlasste Mortier sodann, in der Elbkonvention von Artlenburg vom Grafen Wallmoden die totale Kapitulation zu erzwingen und die hannoversche Armee vollständig aufzulösen.

Allerdings wandten sich nicht alle der entpflichteten Soldaten ihren Heimatorten zu, sondern viele folgten den königlichen Anwerbe-Offizieren nach Südengland. Hier wurde ein neuer, aus deutschen Soldaten bestehender, im Dienst des britischen Königs stehender Verband formiert, die King's German Legion. Sie bestand aus zehn Bataillonen Infanterie, sechs Batterien Artillerie, fünf Kavallerie-Regimentern und einem Ingenieur-Korps. Die Hannoveraner der Legion kämpften nie gemeinsam als zusammenhängende Einheit, sondern wurden stets britischen Verbänden angegliedert. Die Männer der auf bis zu 14 175 Mann anwachsenden Legion verteilten sich auf zahlreiche europäische Kriegsschauplätze und wurden ausnahmslos gegen napoleonische Truppen eingesetzt. So waren die hannoverschen Soldaten als Teil der unter dem Befehl von Sir Arthur Wellesley (1769 – 1852) – seit 1814 Herzog von Wellington – stehenden britischen Armee maßgeblich am legendären »Peninsular War« beteiligt: In den zwischen 1808 und 1813 ausgetragenen, mehr als zwanzig zähen Gefechten auf der iberischen Halbinsel stellte sich Großbritannien letztlich erfolgreich der napoleonischen Unterjochung Portugals und Spaniens entgegen. An den Gefechten gegen die französischen Besatzer, die in der spanischen Geschichtsschreibung als Unabhängigkeitskrieg (»Guerra de la Independencia Española«) überliefert werden, beteiligten sich erstmals auch nichtmilitärische Aktivisten, sogenannte Guerillakämpfer. Die Ver-

Abb. 32
General Carl von Alten auf dem Schlachtfeld von Waterloo
nach 1820 (Kat. Nr. 73)

wischung der Grenzen zwischen Militär und Zivilbevölkerung führte allerdings zu extremer Gewalttätigkeit der Soldaten gegenüber den Menschen im Lande – der Maler Francisco José de Goya (1746–1828) fing das Kriegselend der Spanier künstlerisch ein.

Auch an der finalen Entscheidungsschlacht gegen Napoleon bei Waterloo war die King's German Legion maßgeblich beteiligt. Der Kommandeur der dort eingesetzten 3. Division war Carl August von Alten (1764–1840), der seine militärische Karriere 1781 in der Fußgarde der hannoverschen Armee begonnen hatte und 1803 als Leutnant in die King's German Legion eintrat. Als einziger KGL-Offizier erhielt er 1812 das Kommando über einen englischen Verband, mit dem er auch an der Schlacht bei Waterloo teilnahm. Er wurde dabei schwer verwundet und für seine Verdienste sowohl zum General befördert als auch in den Grafenstand erhoben.

Nahe des Dorfes Waterloo verteidigte vor der eigentlichen Entscheidungsschlacht das 2. leichte Infanteriebataillon – zusammen mit Mitgliedern mehrerer Einheiten der King's German Legion – den Bauernhof La Haye Sainte. Das Kommando hatte der hannoversche Major Konrad Ludwig Georg Baring (1773–1848). Er war 1787 in die kurhannoversche Armee eingetreten und nach deren Auflösung als einer der ersten Offiziere in die King's German Legion aufgenommen worden.

Nach der endgültigen Niederlage Napoleons wurde der Verband 1816 aufgelöst. Viele der noch jungen Soldaten traten der neu gebildeten Königlich Hannoverschen Armee bei. Dort pflegten sie die Traditionen der King's German Legion bis 1866.

Abb. 33
Adolf Northen
Die Verteidigung des Meierhofes La Haye Sainte bei Waterloo 1815
Öl auf Leinwand, Niedersächsische Landesgalerie

Konvention von Artlenburg (Lauenburg)
vom 5. Juli 1803

Da der König von England sich geweigert hat, die Konvention von Suhlingen zu ratifizieren, so hat sich der erste Konsul genötigt gesehen, diese Konvention als nicht abgeschlossen anzusehen. Infolge davon haben Generalleutnant Mortier, Oberbefehlshaber der französischen Armee, und seine Exzellenz der Graf v. Wallmoden, Oberbefehlshaber der hannoverschen Armee, folgende Kapitulation abgeschlossen, welche ihrer Natur nach sofort ausgeführt werden muss, ohne der Ratifikation der beiden Regierungen unterbreitet zu werden.

1. Die hannoversche Armee wird die Waffen niederlegen. Diese werden mit der gesamten Artillerie der französischen Armee übergeben.
2. Alle Truppenpferde der hannoverschen Kavallerie und die Artilleriepferde werden der französischen Armee durch ein Regierungs-Mitglied übergeben. Eine vom Oberbefehlshaber ernannte Kommission wird sofort abgesendet werden, um deren Stärke und Signalement aufzunehmen.
3. Die hannoversche Armee wird aufgelöst. Ihre Truppen gehen über die Elbe und ziehen sich in ihre Heimat zurück. Sie werden sich vorher durch Ehrenwort verpflichten, nicht eher wieder die Waffen gegen Frankreich und seine Verbündeten zu führen, ehe sie nicht nach gleichem Maßstab durch ebenso viel französische Armee-Angehörige ausgewechselt sein werden, welche durch die Engländer im Verlauf dieses Krieges gefangen werden könnten.
4. Die hannoverschen Herren Generale und Offiziere können sich gegen Ehrenwort nach den Orten begeben, welche sie zu ihrem Aufenthalt wählen, vorausgesetzt, dass sie sich nicht vom Kontinent entfernen. Sie behalten ihre Degen, ebenso ihre Pferde, Effekten und Bagagen.
5. In kürzester Frist wird dem Oberbefehlshaber der französischen Armee eine namentliche Kontroll-Liste aller Angehörigen der hannoverschen Armee zugestellt werden.
6. Die hannoverschen Soldaten, welche in ihre Heimat zurückgeschickt sind, dürfen nicht Uniform tragen.
7. Lebensmittel werden den hannoverschen Truppen bis zu ihrer Rückkehr in die Heimat gewährt. Ebenso wird in gleichem Umfang Fourage für die Offizierspferde gewährt.
8. Die Artikel 16 und 17 der Suhlinger Konvention sollen auf die hannoversche Armee Anwendung finden. [Diese Artikel der Suhlinger Konvention lauteten: »16. Jeder Artikel, über den Zweifel entstehen könnten, soll zu Gunsten der Einwohner des Kurfürstentums ausgelegt werden. 17. Die vorhergehenden Artikel sollen nicht den Vorrang haben vor Abmachungen, welche zu Gunsten des Kurfürstentums zwischen dem ersten Konsul und irgend einer vermittelnden Macht abgeschlossen werden könnten.« Sie waren von keiner wesentlichen Bedeutung.]
9. Die französischen Truppen nehmen sofort den im Lande Lauenburg gelegenen Teil des Kurfürstentums Hannover in Besitz. So geschehen in doppelter Ausfertigung an der Elbe am 16. Messidor des 11. Jahres der französischen Republik. Gezeichnet: Generalleutnant und Oberbefehlshaber der französischen Armee Ed. Mortier. Gezeichnet: Der Marschall Graf v. Wallmoden-Gimborn.

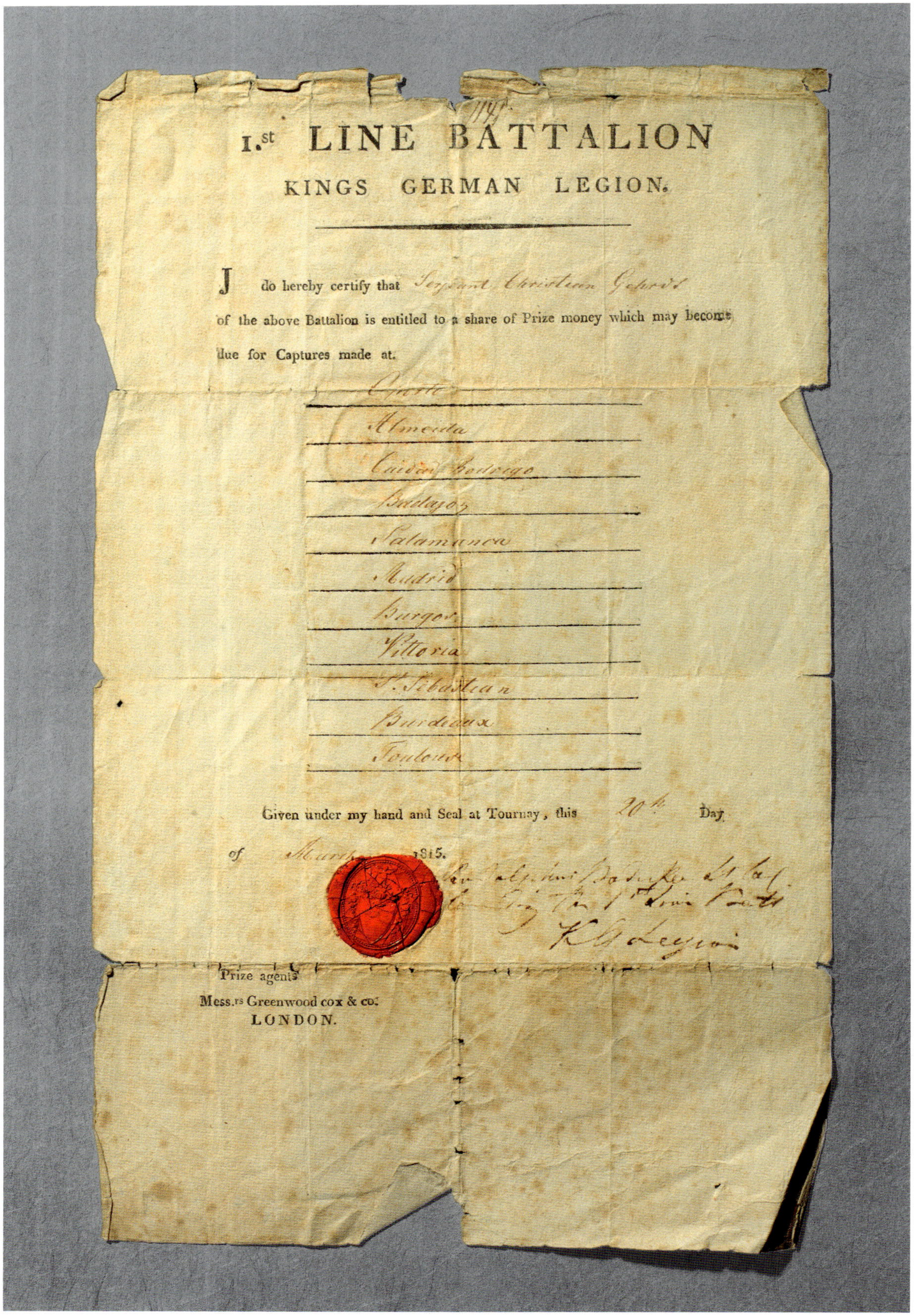

I.st LINE BATTALION

KINGS GERMAN LEGION.

I do hereby certify that Serjeant Christian Gehrds

of the above Battalion is entitled to a share of Prize money which may become due for Captures made at.

Oporto

Almeida

Ciudad Rodrigo

Badajoz

Salamanca

Madrid

Burgos

Vittoria

S. Sebastian

Burdeaux

Toulouse

Given under my hand and Seal at Tournay, this 20th Day of March 1815.

K. G. Legion

Prize agents

Mess.rs Greenwood cox & co.

LONDON.

Abb. 34

Beute-Anteilschein

1815 (Kat. Nr. 57)

Abenteuer

Insgesamt gehörten in den zwölf Jahren ihrer Existenz etwa 28 000 Männer der King's German Legion an. Ihre Kampfeinsätze führten die hannoverschen Soldaten in viele Regionen Europas – von Pommern bis nach Gibraltar – und brachten sie nicht allein den stets mitkämpfenden britischen Soldaten nahe, sondern führten auch zu Begegnungen mit vielen anderen Ländern und Kulturen. Sie waren 1807/08 beteiligt an den Feldzügen zur Ostsee, nach Kopenhagen und Rügen, 1808 bis 1813 auf die Pyrenäenhalbinsel, 1809 an die Scheldemündung, 1813/14 nach Südfrankreich und 1814 in die Niederlande. Wichtige Gefechtsorte auf der iberischen Halbinsel waren Badajoz, Talavera, La Coruña, Buçaco, Barrosa, Fuentes de Oñoro und La Albuera. 1811 bis 1814 waren Teile der Legion auf Sizilien, den Balearen und Gibraltar stationiert. Legendär sind die Schlachten vom 22. und 23. Juli 1812 in Kastilien – bei Salamanca und bei García Hernández – oder auch 1813 die September-Tragödie von San Sebastián. In Deutschland nahm im September 1813 das 3. Husarenregiment der King's German Legion als Teil alliierter Befreiungstruppen an der Schlacht in der Göhrde teil, einem geschlossenen Waldgebiet westlich von Hitzacker. Befehligt wurde es von Graf Ludwig Georg Thedel von Wallmoden (1769 – 1862), dem Sohn des kunstliebenden Feldmarschalls, der in Hannover-Herrenhausen den Georgengarten anlegen und darin ein Schlösschen für seine Kunst- und Antikensammlung errichten ließ.

So »ruhmreich« und vermeintlich verdienstvoll die militärischen Einsätze der hannoverschen Soldaten in den Chroniken und Festschriften auch immer geschildert werden, es handelte sich für die Männer keineswegs um Vergnügungsreisen. Die Seetransporte aus Großbritannien oder Norddeutschland führten oft ins

Abb. 35
»The Battle of Salamanca July 22, 1812« (Schlacht bei Salamanca)
1813 (Kat. Nr. 59)

Abb. 36
Merkbuch
des Christian Oehlkers
1812 – 1816
(Kat. Nr. 55)

Ungewisse, denn Unwetter und Angriffe feindlicher Truppen behinderten vielfach den geplanten Kurs; so erreichten im Jahr 1808 einige Truppenteile ihr Ziel Sizilien erst nach drei Monaten.

Unbekannte Landschaften, ein ungewohntes Klima, eine unbekannte Kultur und fremde Sprachen konnten auch bedrohlich auf die Männer der King's German Legion wirken. Nicht nur die für den Soldatenberuf typischen Strapazen – Angst, Stress, Albträume, Furcht vor Tod, Verwundung und Gefangenschaft – belasteten die Soldaten. Möglicherweise quälten sie auch schmerzhafte Verletzungen; vielleicht erkrankten sie an Infektionen, litten Hunger, Durst und andere Entbehrungen oder wurden Opfer gewaltsamer Übergriffe. Während Offiziere Gelegenheit bekamen, auf geschützten Besichtigungstouren ihre Studien zu treiben und interessante Eindrücke zu sammeln, verbrachten die einfachen Mannschaftsoldaten ihren Alltag in den Militärlagern mit Wachdiensten und Exerzierübungen in Langeweile und Belanglosigkeit.

Für die meisten Soldaten war der Krieg ein eher unfreiwilliges Abenteuer. Die Männer ließen sich anwerben, um Geld zu verdienen oder ihrer bisherigen – oft prekären oder bedrohten – Existenz den Rücken zu kehren. Viele wurden auch unfreiwillig zum Dienst eingezogen und verließen ihre Heimat unter Zwang. Zahlreiche Lieder und Gedichte warben für den Krieg als verheißungsvolle Zukunftschance und reizvolle Erlebniswelt zwischen Pulverdampf und Säbelklirren. Daneben beseelte manche Zeitgenossen durchaus auch patriotischer Eifer und die Vorstellung, das eigene Vaterland gegen fremde Eindringlinge verteidigen zu müssen und dazu den »bunten Rock« anzulegen. In Deutschland war in vielen Regionen eine antifranzösische und national orientierte Publizistik entstanden, die dem deutschen imperialistischen Nationalismus des 19. und 20. Jahrhunderts vorausging.

Abb. 37
François Aubertin
Napoleon Bonaparte in der Schlacht von Arcole (1796)
Kupferstich nach einem Gemälde von Antoine-Jean Gros, Historisches Museum Hannover, KM 388,1

Krieg und Frieden

Die Menschen im Kurfürstentum Hannover blieben zwischen dem Ende des Siebenjährigen Krieges (1756 – 1763) und dem Jahrhundertende weitgehend von kriegerischen Ereignissen verschont. Erst die Machtansprüche des nachrevolutionären Frankreichs und die Eroberungskriege Napoleons, in dessen Einflussbereich zwischen 1792 und 1815 weite Teile Europas gerieten, betrafen in hohem Maße auch die Einwohner des Kurstaats. Dazu gehörten die Soldaten der hannoverschen Militärverbände, die Verwundungen davontrugen oder ihr Leben verloren, sowie die Menschen, die Einquartierungen, Raub, Gewalttaten, wirtschaftliche Krisen ertragen und immer wieder neue Steuern und Kontributionen verkraften mussten.

Um sich der militärischen Bedrohung durch die französische Armee wirksam entgegenzusetzen, schlossen sich die Mächte des Alten Reiches mit Großbritannien, den Niederlanden und Spanien zusammen. In den bereits seit den 1790er-Jahren geführten Kriegen kämpften auch die Söhne von König Georg III., so der Militärgouverneur und langjährige königliche Repräsentant in Hannover, Adolf Friedrich Herzog von Cambridge (1774 – 1850), und der spätere König von Hannover, Ernst August Herzog von Cumberland (1771 – 1851). Letzterer verlor 1794 in der Schlacht bei Tournay ein Auge.

Abb. 38
Feldapotheke
2. Hälfte 18. Jahrhundert
(Kat. Nr. 65)

1801 schloss sich Preußen einer antibritischen Koalition unter Führung des Zaren an und besetzte das mit Großbritannien in Personalunion verbundene Kurhannover. Zwar währte diese Besatzung nur ein halbes Jahr, doch zogen 1803 nun französische Truppen im Kurstaat ein – und blieben zehn lange Jahre. Damit gab es auf braunschweig-lüneburgischem Boden nun zwar keine Kampfhandlungen mehr, doch setzten sich die Napoleonischen Kriege gleichwohl weiter fort: Zahllose vor allem junge Männer wurden in den Dienst in der französischen Armee gezwungen und mussten 1812 am äußerst verlustreichen Russlandfeldzug teilnehmen.

Napoleons kriegerische Aktivitäten forderten mehr als zwei Millionen Opfer. Der Tod kam in Gestalt von Säbelhieben, Kugeln und Granatsplittern. Viele der Verwundeten starben am Wundfieber oder an Seuchen, unzählige trugen psychische Schäden oder den Verlust von Gliedmaßen davon. Vielen Soldaten wurden die hohen Belastungen durch lange Fußmärsche und unregelmäßige Verpflegung sowie die Folgen mangelnder Hygiene zum Verhängnis.

Der Krieg raubte vielen der Daheimgebliebenen und ihren Angehörigen die Lebensgrundlage, denn die Truppen aller Kriegsparteien hinterließen im Land regelmäßig eine Spur der Verwüstung. Zudem hatten sich die Prinzipien der Kriegführung gegenüber den »Kabinettskriegen« des 18. Jahrhunderts insbesondere für die französische Armee gravierend geändert: Zum einen dienten grundsätzlich kaum noch angeworbene Söldner in Heer, Artillerie und Kavallerie, sondern seit dem Konskriptionsgesetz von 1798 galten die allgemeine Wehr- und Dienstpflicht, die Levée en masse. Auch verloren die endlos erscheinenden Märsche – zur Verwirrung und Ermüdung des Gegners oder zur Schonung der eigenen Truppe befohlen – in der Grande Armée allmählich an Bedeutung. Denn jetzt traten umfangreiche Verbände mit oft hochmotivierten, von nationaler Begeisterung erfüllten Soldaten zu den Gefechten an, deren große Anzahl offensive Entscheidungsschlachten erlaubte. Zum anderen erwies sich die bei den Söldnerheeren zur Vermeidung von Desertionen noch notwendige strenge Lineartaktik als taktisch unflexibel und wich der neuen Tirailleurtaktik mit beweglichen Operationen in lockerer Schützenlinie, die sich im Vergleich zu den in geschlossener Front kämpfenden Verbänden als überlegen erwiesen. Weit in die gesellschaftliche Moderne wies schließlich das Prinzip des Aufstiegs in militärische Führungsebenen durch die Anerkennung von Engagement und Leistung entgegen dem im Ancien Régime üblichen Primat der Zugehörigkeit zum Adel.

Die Bevölkerung hatte unter den Soldaten sehr zu leiden, sie raubten, bedrohten und töteten Zivilpersonen, vergewaltigten Frauen. Grund für die Verelendung ganzer Landstriche war der Wandel von der in den früheren Söldnerheeren üblichen Magazinverpflegung zur »Selbstversorgung« der Truppe, das heißt zur Requirierung von Ressourcen aus den besetzten Ländern: Die Soldaten plünderten die Magazine in Städten und Dörfern, bedienten sich an Vorräten und Lagerbeständen und ruinierten damit die ökonomische Perspektive ganzer Regionen.

Der Sieg über Frankreich – mit der Schlacht bei Waterloo 1815 und den nachfolgenden Beschlüssen – brachte Frieden, doch die Not blieb künftig für viele ein ständiger Begleiter. Witwen, Waisen sowie invalide und traumatisierte Mannschaftssoldaten waren dauerhaft auf Almosen angewiesen, während Offiziere oft lebenslange Pensionen bezogen.

Befreiung

»Die Gärung ist auf ihrem Gipfel angelangt. Die treibende Kraft für diese Bewegung ist nicht nur die Ungeduld, das fremde Joch abzuschütteln, sie besteht vielmehr im Ruin aller Bevölkerungsschichten, den Steuerlasten, den Kriegskontributionen, dem Unterhalt der Truppen, dem Durchmarsch der Soldaten und den immer neuen Plackereien. Die Verzweiflung der Völker, die nichts zu verlieren haben, weil man ihnen alles genommen hat, ist sehr zu fürchten.« So analysierte der König des jungen napoleonischen Vasallenstaats Westphalen, Jérôme Bonaparte (1784 – 1860), die Situation seiner Untertanen im Jahr 1811. In den nun folgenden Monaten sollten sich die krisenhaften Entwicklungen im napoleonischen Imperium noch weiter verschärfen. Zunächst scheiterte Napoleon dramatisch mit dem Russlandfeldzug 1812: Zwar konnten die französischen Truppen am 14. September die Stadt Moskau einnehmen, doch weigerte sich Zar Alexander I. (1777 – 1825), Frieden zu schließen. Die Grande Armée, die den Feldzug mit einem Kontingent von über 600 000 Soldaten begonnen hatte, hatte jetzt bereits 275 000 Tote und 200 000 Gefangene zu beklagen. Napoleon befahl darauf im Oktober 1812 den Rückzug, der für die erschöpften Soldaten zu einem Desaster geriet. Er führte sie durch arme und größtenteils schon auf den Hinmärschen ausgeplünderte und verwüstete Landstriche; die geschlagenen Soldaten sahen sich zudem ständigen Attacken der

Abb. 39
Johann Heinrich Ramberg
»Ich will nichts prophezeihen aber …«
1809 (Kat. Nr. 63)

Abb. 40
Unbekannter Künstler
Napoleon Bonaparte, schlichtes Profilporträt mit der Bezeichnung »Kaiser der Franzosen, König von Italien«
kolorierter Punktierstich
Historisches Museum Hannover, VM 035209

Abb. 41
Siegelstempel für neu gebildete Départements und Distrikte im »Königreich Westphalen«
1807 – 1813 (Kat. Nr. 45)

zuvor unterworfenen und beraubten Zivilbevölkerung ausgesetzt. Die Zahl der in Kampfhandlungen, in der Folge durch Hunger, Epidemien oder andere Krankheiten getöteten Menschen – Soldaten, zivile Truppenbegleiterinnen und -begleiter – lässt sich nicht präzise bestimmen, sie geht in die Hunderttausende. Es heißt, von der Grande Armée erreichten nur etwa 10 000 Mann wieder ihre Heimat.

Auch in Hannover sammelten sich viele der verwundeten und unter anderem an Typhus erkrankten Russland-Heimkehrer, sodass im Februar vor dem Steintor ein spezielles Lazarett eingerichtet werden musste. Um drohenden Unruhen zu begegnen, wurden im Frühjahr Bürgergarden gebildet. Als im April 1813 russische Truppen bis an die Stadtgrenzen vorstießen, sich aber bald kampflos zurückzogen, zeigten sich erste Nervositäten und Unsicherheiten des Besatzungsregimes.

Entscheidend – auch für die Stimmung unter der Bevölkerung des Kurfürstentums – wirkte sich die Schlacht aus, die vom 16. bis 19. Oktober 1813 bei Leipzig stattfand und als »Völkerschlacht« in die preußisch-deutsche Geschichte eingegangen ist. Preußen, Russland, Österreich und Schweden stellten der etwa 110 000 Mann starken napoleonischen Armee eine Übermacht von mehr als 400 000 Soldaten entgegen. Das dreitägige Gefecht gilt als das bis 1914 umfangreichste der Militärgeschichte; mehr als 90 000 Soldaten wurden getötet oder verwundet. Der Jubel über den Sieg der Alliierten gegen Napoleon konnte indessen nicht über das Bild von Trauer und Elend hinwegtäuschen, das sich durch die vielen toten, verstümmelten oder verwundeten Soldaten auf dem Schlachtfeld und in der Stadt Leipzig bot. Viele Männer und Frauen starben auch noch an den folgenden Tagen aufgrund fehlender ärztlicher Versorgung und ungenügender hygienischer Bedingungen.

In Hannover spitzte sich die Lage dramatisch zu, als am 17. September die Nachricht eintraf, die Schlacht in der Göhrde sei zugunsten der Alliierten entschieden worden. Viele der im Dienste des Königreichs Westphalen stehenden Beamten verließen nun fluchtartig die Residenzstadt. Die tatsächlich ausbrechenden Unruhen in der Stadt konnten die Bürgergarden schnell besänftigen.

Ende Oktober 1813 verließen Jérôme Bonapartes Militärs und Beamte endgültig das Kurfürstentum Hannover und hannoversche Truppen übernahmen das Land. Als erster Repräsentant des Landesherrn zeigte sich am 4. November der Sohn des britischen Königs Georg III., Herzog Ernst August von Cumberland, in Hannover und wurde von den Menschen begeistert empfangen. Und noch einmal zogen unter Jean Baptiste Bernadotte im November 1813 fremde Truppen in Hannover ein; diesmal in allerbester Absicht: Bernadotte hatte sich vom Feind zum Freund gewandelt und war Ende August zum schwedischen Thronfolger bestimmt worden.

Rasch wurden die früheren Stadtverfassungen restituiert und die vor 1803 agierenden Bürgermeister wieder eingesetzt. Am 19. Dezember 1813 kehrte auch Herzog Adolf Friedrich von Cambridge nach Hannover zurück und regierte in der Folge als Generalgouverneur im Auftrag des britischen Königs.

Letztlich wurde Europa von Napoleons kriegerischem Machtstreben und seiner aggressiven Hegemonialpolitik erst durch die Entscheidungsschlacht am 18. Juni 1815 bei Waterloo, 15 Kilometer südlich von Brüssel, befreit. Den Sieg errang als Befehlshaber der alliierten Truppen der britische Feldmarschall Sir Arthur Wellesley, Herzog von Wellington. Napoleon wurde nach seiner Abdankung als britischer Kriegsgefangener auf die Insel St. Helena verbannt, wo er 1821 starb.

Der Triumph von Waterloo wurde im Verlauf des 19. Jahrhunderts zum Teil nationaler Geschichtskultur und durch Jubiläums- und Erinnerungsfeiern sowie mit Souvenirs, Dichtungen und Gemälden zum Mythos verklärt. Waffen und Uniformen, Orden und persönliche Aufzeichnungen, Beute- und Erinnerungsstücke gingen in die Sammlungen der Geschichtsmuseen und Gedenkstätten ein.

Abb. 42 ►
Aktentasche
1815 (Kat. Nr. 71)

Major Georg Baring:
Bericht zur Schlacht bei Waterloo,
18. Juni 1815

»Die Division, welche schrecklich ermüdet war und unendlich gelitten hatte, blieb die Nacht über auf dem Schlachtfelde liegen, und mir waren von den 400 Mann, womit ich die Schlacht eröffnet hatte, nicht mehr als 42 übrig geblieben. Nach wem ich auch fragen mochte, die Antwort lautete: todt! – verwundet! – Ich gestehe frei, daß mir die Thränen unwillkürlich aus den Augen drangen über diese Nachrichten, und auch über so manches herbe Gefühl, was sich meiner willenlos bemächtigte. Aus diesen trüben Gedanken erweckte mich der Generalquartiermeister unserer Division, Major Shaw, welcher mein vertrauter Freund war. Ich fühlte mich in hohem Grade ermattet und das Bein war sehr schmerzhaft; mit meinem Freunde legte ich mich auf etwas Stroh, welches die Leute für uns zusammengesucht hatten, zum Schlafen nieder. Beim Erwachen fanden wir uns zwischen einem todten Menschen und einem todten Pferde. Doch ich will diese Scenen des Schlachtfeldes mit ihrem Elend und Jammer mit Stillschweigen übergehen. Wir begruben die todten werten Freunde und Kameraden; unter ihnen war auch der Kommandeur der Brigade, Oberst von Ompteda, und so mancher wackere Mann. Nachdem etwas gekocht war und die Leute sich nur einigermaßen erholt hatten, brachen wir von dem Schlachtfelde zur Verfolgung des Feindes auf.«

Ruhm und Ehre

Der gesellschaftliche Wandel und die Veränderungen in Struktur und Zusammensetzung des Militärs hatten seit der Französischen Revolution auch Neuerungen im System der Anerkennungen für erbrachte Leistungen zur Folge gehabt. »Orden« waren noch im 18. Jahrhundert überwiegend Adeligen vorbehalten und bedeuteten zunächst nur die Aufnahme in einen privilegierten, gesellschaftlich besonders exklusiven Kreis allein aufgrund der Gunsterweisung des Fürsten. Eine erste Ausnahme bildete der Orden »Pour le Mérite«, den Friedrich II. von Preußen (1712 – 1786) 1740 als Hausorden stiftete. Er war ausdrücklich Männern gewidmet, die sich außerordentliche militärische Verdienste erworben hatten; nur ausnahmsweise empfingen Zivilisten – etwa Voltaire (1694 – 1778) – den Orden.

Um 1800 entwickelte sich die Verleihung von Ehrenzeichen immer stärker zu einer Form symbolischer Belohnung aufgrund besonderer Leistungen: Im Zeichen von Levée en masse und allgemeiner Wehr- und Dienstpflicht wurden der Kreis der Dekorierten erweitert oder die bestehenden Orden in unterschiedliche Klassen unterschieden, sodass einerseits auch nichtadelige Militärs und Zivilisten hohe Auszeichnungen erhalten konnten, andererseits die ständische Gesellschaftsstruktur aufrechterhalten blieb. Besonders die Zeit der als »Befreiungskriege« bezeichneten alliierten Kämpfe gegen die napoleonische Armee brachte eine Reihe von Neustiftungen militärischer Ehrenzeichen für außerordentliche Leistungen und besondere Verdienste hervor, wie etwa das preußische »Eiserne Kreuz« von 1813.

Der britische Prinzregent Georg IV. begründete am 12. August 1815 im Namen seines Vaters, König Georg III., den Guelphen-Orden, der vier Klassen vorsah. Er wurde sowohl in Großbritannien als auch im Königreich Hannover verliehen, hier auch weit über das Ende der Personalunion 1837 hinaus. Meist war er mit einer Beförderung im Militär- oder Staatsdienst verbunden.

Zu den Trägern des »Großkreuzes« gehörten die Souveräne der gegen Napoleon verbündeten Staaten: Friedrich Wilhelm IV. von Preußen (1795 – 1861), Alexander II. von Russland (1818 – 1881) und Ferdinand I. von Österreich (1793 – 1875) sowie der Bruder Georgs IV. Herzog Adolf Friedrich von Cambridge – Militär- bzw. Generalgouverneur in Hannover. Aber auch mehrere die Zeit prägende Staatsbeamte trugen den Guelphen-Orden erster Klasse, so der preußische Außenminister Graf Christian Günther von Bernstorff (1769 – 1835) und der hannoversche Staatsminister Claus von der Decken (1742 – 1826). Als »Kommandeure« wurden die Träger des

Abb. 43
Guelphen-Orden, Großkreuz
Goldenes, vierarmiges Kreuz mit acht Zacken, die in Kugeln enden, oben Königskrone

Vorderseite: in der Mitte in Kranz springendes weißes Pferd auf rotem Grund, Umschrift »NEC ASPERA TERRENT«

Rückseite: in Kranz auf rotem Grund Spiegelmonogramm »G«, Umschrift »MDCCCXV«

Gold, Email
1815 – 1866, Historisches Museum Hannover, VM 13610

Abb. 44
Stern zum Militär-Groß-kreuzdes Guelphen-Ordens
1815 (Kat. Nr. 74)

Abb. 45
Hannoversche Waterloo-Medaille
1816 – 1866 (Kat. Nr. 76)

Abb. 46
Britische Waterloo-Medaille
1816 – 1866
(Kat. Nr. 76)

Ordens zweiter Klasse bezeichnet: zumeist hohe Offiziere, Kammerherren und Diplomaten. Überwiegend an Persönlichkeiten bürgerlicher Herkunft wurde der Guelphen-Orden dritter Klasse verliehen, so an den Astronomen Friedrich Wilhelm Herschel (1838 – 1822), den Geheimen Justizrat Karl Wilhelm Hoppenstedt (1769 – 1826), den Zoologen Johann Friedrich Blumenbach (1752 – 1840) oder den Geschichtsforscher Anton Christian Wedekind (1763 – 1845).

Wer diese Ehrungen erhielt, wurde zugleich in den persönlichen, allerdings nicht erblichen Adelsstand erhoben. Zugleich ließ Georg IV. die Guelphen-Ordens-Medaille als zusätzliches Ehrenzeichen verleihen, mit dem Unteroffiziere und Mannschaftssoldaten ausgezeichnet werden konnten.

Die hannoversche Waterloo-Medaille wurde im Dezember 1817 gestiftet, um die aus Kurhannover stammenden Teilnehmer der siegreichen Entscheidungsschlachten vom Juni 1815 zu würdigen. Dabei wurde die Auszeichnung allen Soldaten ohne Ansehen ihres Standes oder militärischen Ranges zuteil.

Als legendärer Führer der Verteidigung des Hofes La Haye Sainte in der Schlacht bei Waterloo wurde der in Hannover geborene Major Konrad Ludwig Georg Baring (1773 – 1848) nicht nur mit dem Kommandeurskreuz zweiter Klasse dekoriert, sondern erhielt zudem den 1399 gestifteten Bathorden dritter Klasse und außerdem die englische Waterloo-Medaille. General Carl August von Alten, der in den Napoleonischen Kriegen als Offizier nicht nur Truppenteile der King's German Legion befehligte, sondern seit 1812 auch einen rein englischen Verband führte, wurde 1815 wegen seiner Verdienste bei Waterloo sogar mit der zweiten Klasse des »Order of the Bath« ausgezeichnet und in den Grafenstand erhoben.

Abb. 47
B. Bachmann-Hohmann
Staatswagen Nr. 1 der Könige von Hannover, gezogen von acht Weiß-geborenen und Personal
1856
SKH Erbprinz von Hannover

Staatswagen

Nachdem er volljährig geworden war, nahm Kronprinz Georg am 11. November 1783 erstmals als Prinz von Wales an der Eröffnung des britischen Parlaments teil. Wichtiges Element der Zeremonie war die Auffahrt des Königs, des Thronfolgers, des Herzogs von York, des Lord Chancellors, des Oberstallmeisters und anderer hoher Würdenträger mit ihren repräsentativen Kutschen vom St. James's Palace zum Parlamentsgebäude. Vermutlich für diesen besonderen Anlass wurde die vergoldete »State Coach« im Jahr zuvor vom Kunsttischler John Linnell entworfen und 1783 in der Werkstatt des Wagenbauers John Wright gebaut. Georg benutzte den Wagen auch später regelmäßig für unterschiedliche repräsentative Zwecke.

Der Staatswagen Nr. 1 hat die Form einer Berline; der Wagenkasten, die Schnitzereien des Fahrgestells und die meisten Zierelemente sind vergoldet. Der gerundete Wagenkasten ist mit roten, goldpunzierten Lederriemen an den vergoldeten Stahlfedern aufgehängt. Das ursprüngliche Aussehen des Wagens ist indessen nicht feststellbar, denn er wurde zwischen 1787 und 1795 mehrfach grundlegend verändert und der jeweils herrschenden Mode angepasst. So tauschte man etwa 1792 die Schnitzereien am Fahrgestell aus und ergänzte Dekorationselemente in verschiedenen neuen Materialien. Vorbild für den reichen Figuren- und Bildschmuck und das künstlerische Programm der State Coach des Kronprinzen war die Herrschaftssymbolik auf dem königlichen Staatswagen seines Vaters Georg III. Seit 1792 zieren umlaufende Lorbeer-, Eichen- und Akanthuszweige den Wagen und sollen Sieg und Stärke zum Ausdruck bringen. Großbritanniens ursprüngliche Affinität zu Meer und See wird in den Motiven des Delfins und des Schilfrohrs deutlich, mit denen vorn am Bock die Girlanden enden. Die beiden Türen und die beiden rechteckigen Felder vorn und hinten auf dem Wagenkasten zeigen je ein allegorisches Ölgemälde, 1792 auf Kupfer ausgeführt von Robert Smirke (1753–1845): Auf der linken Tür verweist die Geburt der Britannia aus dem Meer wiederum auf die Identität Großbritanniens als Seemacht sowie auf den Herrschaftsanspruch über die Weltmeere. In dem Motiv auf der rechten Tür – Britannia als Regentin auf dem Thron, umgeben von Minerva und Herkules, also den Allegorien für Weisheit und Stärke – klingen die klassischen Herrschertugenden an. Auf der Rückseite des Wagenkastens verbinden sich mit Bri-

Abb. 48
Geburt der Britannia
Öl auf Kupfer,
auf Staatswagen von
Georg, Prinz von Wales
1783 und 1787–1795
(Kat. Nr. 83)

Abb. 49
Britannia als Regentin
Öl auf Kupfer,
auf Staatswagen von
Georg, Prinz von Wales
1783 und 1787–1795
(Kat. Nr. 83)

Abb. 50 a – c
Einhorn und Löwe
aus vergoldetem Holz
Krone der hannoverschen Könige
Messing am Staatswagen »Nr. 1«
(Kat. Nr. 83)

tannia der Friedensgenius und die Siegesgöttin Nike. Vorn ist die siegreiche Britannia auf einem Triumphwagen dargestellt. Rundum verläuft ein Fries mit Putten, die rechts Handwerk, Ackerbau und Handel, vorn Fleiß und Reichtum symbolisieren, links die sieben freien Künste und hinten Tanz, Spiel und Musik versinnbildlichen. Auf den Fensterstreben befinden sich die Profilporträts von acht königlichen Vorfahren. Die traditionellen Schildhalter des britischen Staatswappens, Löwe und Einhorn, sind vollplastisch ausgebildet und hinten an der Gestellbrücke sowie am Fußbrett des Kutschbocks angebracht. Darunter zieren ovale Reliefs mit dem heiligen Georg als Drachentöter den Bock am Fußbrett des Bockes und am hinteren Gestell sind Szenen aus der Herkules-Sage zu sehen. Mehrere andere Verzierungen wurden in späterer Zeit, so bei einer tiefgreifenden Neugestaltung 1846, hinzugefügt. An der Stelle der heutigen großen Krone auf dem Dach der Kutsche befand sich ab 1788 der Kopf des griechischen Sonnengotts Apollon, zugleich Gott der Künste und der Weissagung; 1792 wurde dieser durch einen Kopf des Göttervaters Jupiter ersetzt. Auch diese und die übrigen zwischen 1787 und 1795 vorgenommenen Veränderungen am Staatswagen verdeutlichen das leiden-

Abb. 51
Ernst Friedrich Herbert Graf von Münster (1766–1839)
1823 (Kat. Nr. 87)

Abb. 52
E. Hagen
Post-Karte des Königreichs Hannover
Sie zeigt die Grenzen des Königreichs und die Postverbindungen sowie die angrenzenden Territorien. Lithografie, 1821, verlegt bei Christian Friedrich Müller in Karlsruhe, Historisches Museum Hannover, VM 023808

schaftliche Interesse des Prinzen von Wales an modischen Neuerungen und Anpassungen an den herrschenden Zeitgeschmack.

Als Hannover 1814 zum Königreich erklärt worden war, ließ Prinzregent Georg seinen Staatswagen von London nach Hannover einschiffen, um ihn bei einem Staatsbesuch nutzen zu können.

Als er 1821 seine Pläne verwirklichte, verwendete der 1820 König gewordene Georg IV. den Prunkwagen tatsächlich. Zwar zog er nach deutscher Tradition auf dem Pferd sitzend in die Residenzstadt ein, doch wählte er für die Rückfahrt nach Herrenhausen seine goldene State Coach.

Königreich!

Der Erste Friede von Paris – nach Abdankung Napoleons abgeschlossen zwischen dem französischen Bourbonenkönig Ludwig XVIII. und den alliierten Mächten Preußen, Österreich, Russland, Spanien, Portugal, Schweden, Norwegen und Großbritannien – bestimmte, dass alle an den Napoleonischen Kriegen beteiligten Staaten in Wien zusammentreten sollten, um eine dauerhafte europäische Nachkriegsordnung zu beschließen. Nach Vorverhandlungen in London war es Mitte September 1814 schließlich so weit: Im Wiener Palais am Ballhausplatz, dem Amtssitz von Außenminister Klemens Wenzel Fürst von Metternich (1773–1859), versammelten sich rund 200 europäische (Stadt-)Staaten und Herrschaften, um die durch Napoleon veranlassten Besetzungen, Staatenbildungen, Allianzen und Bündnisse zu revidieren und die unklaren Strukturen Europas neu zu ordnen. Zu den prominenten Verhandlungsführern gehörten neben Metternich der britische Gesandte Robert Stewart Castlereagh (1769–1822), Charles-Maurice de Talleyrand (1754–1838) für das besiegte Frankreich, für Preußen Karl August von Hardenberg (1750–1822) und Wilhelm von Humboldt (1767–1835). Oft aber führten die Monarchen selbst die Verhandlungen, so Zar Alexander I. und Preußenkönig Friedrich Wilhelm III. Das mit Großbritannien in Personalunion verbundene Kurfürstentum Braunschweig-Lüneburg (Kurhannover) wurde offiziell durch den hannoverschen Minister Ernst von Hardenberg (1754–1827) vertreten; die eigentlichen Ergebnisse für den Kurstaat erreichte jedoch der britische Kabinettsminister und Vertraute des Prinzregenten Georg, Graf Ernst Friedrich Herbert von Münster. Tatsächlich wurde im Kongressverlauf die Position Hannovers so gestärkt, dass es gelang, die Niedergrafschaft Lingen, das Herzogtum Arenberg-Meppen, die Grafschaft Bentheim, das Hochstift Hildesheim, die Reichsstadt Goslar, Teile des Untereichsfelds und das Fürstentum Ostfriesland an das Staatsgebiet anzugliedern. Gegen die Interessen des Zaren gerichtet, der Kurhannover bereits seinem Verwandten Herzog von Oldenburg, zugedacht hatte, erreichte Graf Münster Gebietserweiterungen von einem Fünftel der bisherigen Fläche und damit einen Bevölkerungszuwachs von 250 000 Menschen. Bereits im zweiten Monat der Verhandlungen, am 12. Oktober 1814, erklärte Prinzregent Georg von London aus das Kurfürstentum Braunschweig-Lüneburg zum Königreich Hannover. Als am 9. Juni 1815 mit Unterzeichnung der Schlussakte der Wiener Kongress endete, gehörte das Königreich Hannover als viertgrößter Staat zu den Mittelmächten im soeben gebildeten Deutschen Bund.

Zum Dank für Münsters Verhandlungserfolge überlies ihm Prinzregent Georg 1815 das säkularisierte Kloster Derneburg. Es war als Teil des Hochstifts Hildesheim im Wiener Kongress von Preußen an Hannover abgetreten worden. Graf Münster ließ die Gebäude durch den hannoverschen Hofbaumeister Georg Ludwig Friedrich Laves grundlegend umgestalten und einen englischen Landschaftsgarten anlegen.

In der Folgezeit war Graf Münster als Kabinettsminister damit beauftragt, im neuen Königreich politische Stabilität zu garantieren und politisch das »monarchische Prinzip« durchzusetzen. Von London aus betrieb er machtvoll und autoritär die Restauration des vornapoleonischen Systems durch Wiederrichtung der alten behördlichen Strukturen und die Weiterentwicklung zentraler Behörden. Allen Ansätzen zu Reformbestrebungen in liberalem Geist stand er ablehnend gegenüber. Auch die von Fürst Metternich angeregten Karlsbader Beschlüsse von 1819, mit denen die Staaten des Deutschen Bundes Maßnahmen zur Überwachung und Bekämpfung liberaler und nationaler Meinungsäußerungen verabredeten, trug Graf Münster mit und versuchte sie im Königreich Hannover umzusetzen. Dies und die strenge, unnachgiebige Politik des Ministeriums Münster zog eine bis 1830 stark anwachsende Opposition im Land nach sich. Anfang 1831 kam es im Königreich Hannover immer wieder zu Unruhen – etwa in Osterode und Göttingen –, gegen die sogar das Militär eingesetzt wurde. Graf Münster und seine Politik waren nicht mehr tragbar, und mit dem Amtsantritt von König Wilhelm IV. (1765–1837) musste er 1831 sein Amt aufgeben. Ideen einer modernen, liberalen Verfassung, die auch Bürgern und Bauern Zugang zur Ständeversammlung gewährte, Ministerverantwortung und ein Haushaltsrecht der Kammer vorsah, setzten sich erst im Staatsgrundgesetz von 1833 durch, das bis zum Ende der hannoversch-britischen Personalunion wirksam war – immerhin vier ganze Jahre.

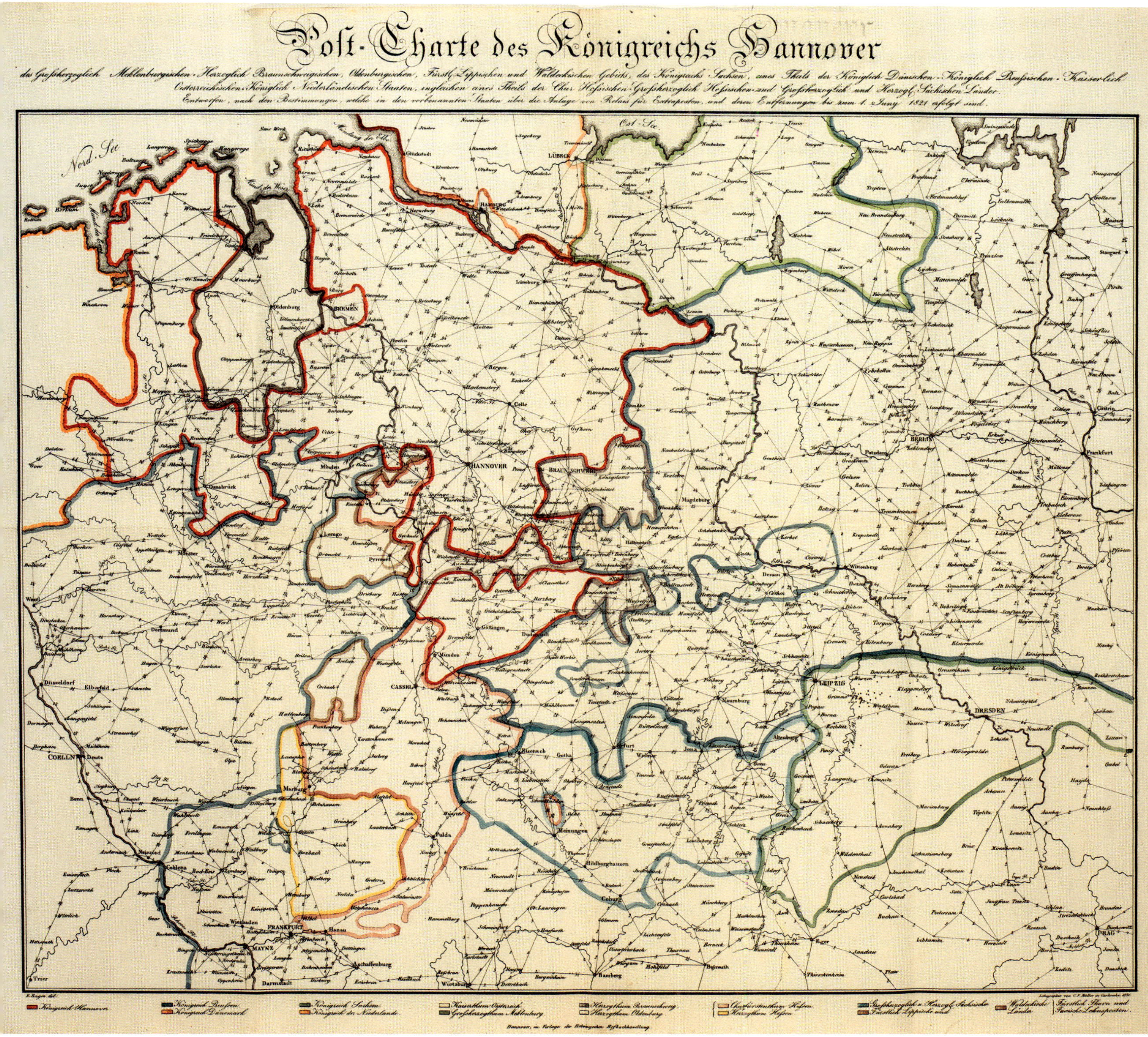
Post-Charte des Königreichs Hannover
des Großherzoglich Meklenburgischen, Herzoglich Braunschweigischen, Oldenburgischen, Fürstl. Lippischen und Waldeckischen Gebiets, des Königreichs Sachsen, eines Theils der Königlich Dänischen, Königlich Preußischen, Kaiserlich Österreichischen, Königlich Niederländischen Staaten, ingleichen eines Theils der Chur Hessischen, Großherzoglich Hessischen und Großherzoglich und Herzogl. Sächsischen Länder
Entworfen, nach den Bestimmungen, welche in den vorbenannten Staaten über die Anlage von Relais für Extraposten, und deren Entfernungen bis zum 1. Juny 1821 erfolgt sind.
Nord-See
Ost-See
HANNOVER
BRAUNSCHWEIG
BREMEN
HAMBURG
LÜBECK
BERLIN
LEIPZIG
DRESDEN
CASSEL
FRANKFURT
MAYNZ
PRAG
E. Hagen del.
Königreich Hannover
Königreich Preußen
Königreich Dänemark
Königreich Sachsen
Königreich der Niederlande
Kaiserthum Österreich
Großherzogthum Meklenburg
Herzogthum Braunschweig
Herzogthum Oldenburg
Churfürstenthum Hessen
Herzogthum Hessen
Großherzoglich u. Herzogl. Sächsische
Fürstlich Lippische und
Waldeckische Länder
Fürstlich Thurn und Taxische Lehnsposten
Hannover, im Verlage der Helwingschen Hofbuchhandlung

Abb. 53
Wilhelm IV. von Großbritannien und Irland sowie König von Hannover, Königin Adelheid
Empire-Porzellantassen mit gemalten Miniaturporträts ca. 1830, Historisches Museum Hannover, VM 016006, VM 016007

Krönung

Prinzregent Georg war mit dem Tod seines Vaters am 29. Januar 1820 rechtmäßig zum König von Großbritannien, Irland sowie Hannover geworden. Allerdings weigerte er sich, seine Frau Caroline als Königin anzuerkennen. Caroline war 1807 wegen angeblich unzüchtigen Verhaltens zur Rechenschaft gezogen, vom Kronrat aber rehabilitiert worden und hatte sich 1814 auf ausgedehnte Reisen nach Deutschland, Italien, Griechenland, Ägypten und Jerusalem begeben, um sich schließlich in Italien niederzulassen. Mit seiner Thronbesteigung drängte Georg seine Frau, auf alle Titel und Rechte der Königin zu verzichten und dauerhaft außer Landes zu bleiben. Doch am 6. Juni 1820 hielt Caroline einen triumphalen Einzug in London. Vom daraufhin offiziell erhobenen Vorwurf des Ehebruchs wurde sie indessen entlastet.

Dennoch wurde sie von einer der wichtigsten symbolischen Handlungen der Monarchie auf Drängen des Königs ausgeschlossen: der Krönung. Bei der Krönung der britischen Staatsoberhäupter handelt es sich um ein kirchliches Ritual, bei dem der König bzw. die Königin nicht nur die Kroninsignien als Symbole der höchsten politischen Macht erhält, sondern zugleich in das Amt des Supreme Governor of the Church of England eingeführt, das heißt als weltliches Kirchenoberhaupt eingesetzt wird. Die Zeremonie findet traditionell in der Londoner Westminster Abbey statt und wird durch den Bischof von Canterbury, das kirchliche Oberhaupt der englischen Kirche, geleitet. Die Church of England bildet den größten Teil der anglikanischen Kirche. Der Krönungsthron wird dazu zentral unterhalb der Vierung – wo sich Längs- und Querschiff der Kathedrale kreuzen – errichtet. Links davon findet gegebenenfalls der Thron der Königin Platz.

Als am 19. Juli 1821 die Krönung von König Georg IV. stattfand, war kein Königinnen-Thron vorgesehen: Zu zerrüttet war die 1795 geschlossene Ehe, zu zerstritten das Paar, sodass Caroline demonstrativ von der Krönungszeremonie ferngehalten wurde.

Der luxuriöse Lebensstil und der exaltierte Habitus des 59-jährigen Königs zeigten sich auch im Aufwand, der für die Feierlichkeiten getrieben wurde: Die Kosten überstiegen mit 243 000 Pfund die Ausgaben für die Krönung seines Vaters Georg III. um mehr als das 24-Fache. Selbst die legendäre Krönung Napoleons zum Kaiser der Franzosen 1804 in der Pariser Kathedrale Notre-Dame wurde übertroffen. Besonders teuer waren das Festbankett, das Georg im Anschluss an die Zeremonie in der Westminster Hall ausrichten ließ, sowie der aus kostbaren Materialien gefertigte und mit Goldfäden durchwirkte Krönungsornat des Königs. Die Schleppe des Gewands war so schwer, dass sie von acht Pagen getragen werden musste. Ein Großteil der Kosten für die Krönung wurde aus Reparationszahlungen des besiegten Frankreichs bezahlt.

Caroline starb 53-jährig wenige Wochen nach den Krönungsfeierlichkeiten am 7. August 1821 unter nicht gänzlich geklärten Umständen. Unter großer Anteilnahme und Sympathiebekundungen der Londoner Bevölkerung wurde ihr Sarg zum Hafen transportiert und ins heimatliche Braunschweig überführt, wo sie im Dom bestattet wurde.

Abb. 54
»The Queen returning from the House of Lords«
1821 (Kat. Nr. 33)

Abb. 55
Krönungszug Georgs IV.
(nach) 1821
(Kat. Nr. 92)

Abb. 56
Friedrich Adolf Hornemann
Bella Vista bei Hannover/ Garten der Frau v. Schulte
Lithografie, verlegt in der C. F. Hornemannschen Hof-Kunsthandlung in Hannover
undatiert, Historisches Museum Hannover, VM 016074

Abb. 57
Johann Friedrich Bause
Gotthold E. Lessing
Kupferstich nach einem Gemälde von Anton Graff, 1772
Historisches Museum Hannover, VM 029347

Klassische Schönheit

In der zweiten Hälfte des 18. Jahrhunderts setzte sich in der Architektur, im Kunsthandwerk und in der bildenden Kunst eine ästhetische Neuorientierung durch, die – ähnlich der frühneuzeitlichen Renaissance – dezidiert den Bezug zur klassischen Antike suchte: Geradlinigkeit, Symmetrie, klare Strukturen und die Orientierung an Konstruktionsprinzipien und Ordnungen antiker Bauten – vornehmlich griechischen Vorbilds – galten zwischen 1770 und 1830 als determinierende Gestaltungsmerkmale. »Klassizismus« haben Bau- und Kunsthistorikerinnen und -historiker diese Epoche genannt. Sie ist als entschiedene Abkehr von den üppigen und bewegten Formen und den anderen stilistischen Charakteristika des Barock und des Rokoko zu verstehen, die zugleich mit der gesellschaftspolitischen Kritik am maroden Ancien Régime einherging.

Die Architektur des Klassizismus verstand sich gegenüber den vorherigen Bauformen als funktional, werteorientiert und an der Vernunft ausgerichtet. Antike Topoi wie der Rückgriff auf die griechischen Säulenordnungen des fünften und vierten vorchristlichen Jahrhunderts oder das Zitat von Dekors und Formen klassischer Tempelmotive – Dreiecksgiebel oder Säulenportiken – bis hin zur reduzierenden Verdichtung zu mittenbetonenden Risalitkonstruktionen wurden stets hoch reflektiert eingesetzt und in den Proportionen bewusst auf das jeweilige Bauwerk zugeschnitten. Einfach, blockhaft und nachvollziehbar sollten architektonische Entwürfe sein, dabei dennoch klassisch schön und erhaben. Es dominierten der rechte Winkel und die gerade Linie. Dekor und Farben spielten eine untergeordnete Rolle, farbliche Varianten wurden durch Verwendung unterschiedlicher Materialien und Oberflächenstrukturen hervorgerufen. Und längst arbeiteten Architekten jetzt nicht mehr nur für den machtbewussten Adel, sondern zunehmend auch für das zu ökonomischer Macht und darüber hinaus zu intellektuellem Einfluss gelangte Bürgertum. Die neuen Stilkriterien fanden schließlich auch im schlichten und ländlichen Fachwerkbau Anwendung.

Die theoretischen und ästhetischen Grundlagen lieferten der im welfischen Wolfenbüttel wirkende Gotthold Ephraim Lessing (1729 – 1781), der Schweizer Enzyklopädist und Ästhetik-Philosoph Johann Georg Sulzer (1720 – 1779) sowie der klassische Archäologe Johann Joachim Winckelmann (1717 – 1768). Überhaupt wirkte sich im Sinne des Klassizismus das im ausgehenden 18. Jahrhundert breite Interesse adeliger und bürgerlicher Schichten an antiker Kunst und Literatur überaus inspirierend auf das Bau- und Kunstverständnis der Zeit aus.

Wie sehr diese Perspektive auf die Kunst und Kultur des klassischen Altertums, die Wertschätzung für die »edle Simplicität der Antiken«, im letzten Drittel des 18. Jahrhunderts zur Sache bürgerlicher Intellektuellenkreise wurde, zeigt das Beispiel August Kestners (1777 – 1853), der nach dem Göttinger Studium und kurzer, undankbarer Tätigkeit als Vernehmungsrichter zum

Abb. 58 ►
Sessel
um 1820 (Kat. Nr. 93)

Abb. 59
Georg Ludwig Friedrich Laves (1788 – 1864)
um 1830 (Kat. Nr. 137)

Abb. 60
August Kestner (1777 – 1853)
um 1806 (Kat. Nr. 141)

Geheimen Kanzleisekretär ernannt wurde. In dieser Funktion hatte er in den Jahren 1818 bis 1849 Gelegenheit, als königlich großbritannischer Geschäftsträger – Kestner war erster britischer Botschafter beim Vatikan – und Ministerresident in Rom und Neapel die antiken Traditionen vor Ort kennenzulernen.

In Hannover wurden zunächst mehrere Funktionsbauten im klassizistischen Stil errichtet: 1791 das Gefängnis am Clevertor und 1792 bis 1796 die Roß- und Vieh-Arzney-Schule unter Hofbaumeister Benjamin Hase (1720 – 1803). Als Hofbaumeister bewarben sich um 1800 so renommierte Baukünstler wie der Karlsruher Stadtplaner und Architekt Friedrich Weinbrenner (1766 – 1826), der in Diepholz geborene und in Hessen-Darmstadt erfolgreich wirkende Georg Moller (1784 – 1852) und der Frühklassizist Peter Joseph Krahe (1758 – 1840), den Herzog Karl Wilhelm Ferdinand von Braunschweig-Wolfenbüttel (1735 – 1806) 1803 in seine Residenzstadt verpflichtete, wo er die obsoleten Festungsanlagen in zum Flanieren einladende Wallanlagen verwandelte und 1804 bis 1821 mit attraktiven Torhäusern im klassizistischen Stil bebaute.

Dank der Protektion seines Onkels, des Leiters der Kasseler Kunstakademie Heinrich Christoph Jussow (1754 – 1825), bei dem er zwischen 1807 und 1809 studiert hatte, trat 1814 Georg Ludwig Friedrich Laves die Nachfolge des Hofbaumeisters Ludwig Witting (1760 – 1837) an. Er sollte das Gesicht Hannovers – seit 1814 königliche Residenzstadt – grundlegend verändern und nachhaltig prägen.

Der Langersehnte

Im Oktober 1821, schon drei Monate nach seiner spektakulären Krönung in Westminster Abbey, besuchte Georg IV. sein deutsches Königreich Hannover. Seit 1755 war kein Landesherr persönlich im Kurfürstentum gewesen. Gewiss drängten Georg nicht allein die Unruhen um den Tod seiner Frau Caroline und seine gescheiterte Ehe zur Abwesenheit aus London; vielmehr gehörte der Besuch in den Stammlanden zum bewusst gewählten Programm des soeben gekrönten Königs und steht in einer Reihe mit den Reisen nach Irland und – kurze Zeit später – Schottland. Er diente der mit vielerlei Symbolen ausgedrückten Demonstration königlicher Macht und der Festigung seiner Position als Monarch.

Die Reise König Georgs IV. in das Königreich Hannover begann am 24. September und endete am 8. November 1821. Georg IV. reiste über Brüssel – nach Besichtigung des Schlachtfelds bei Waterloo – nach Aachen und Düsseldorf zur Landesgrenze seines Königreichs, die er am 6. Oktober überschritt. Die Untertanen, darunter hohe Beamte, Geistliche und Würdenträger, begrüßten den König begeistert. Georg reiste weiter nach Osnabrück und wurde am Stadttor durch Bürgermeister Johann Bertram Stüve (1798 – 1872) begrüßt. Es folgten traditionelle Rituale wie die Übergabe der Stadtschlüssel und das Hereinziehen des königlichen Wagens durch Menschenkraft sowie ein Empfang im Schloss. Am 8. Oktober erreichte König Georg Hannover-Herrenhausen, wo er von den Brüdern Adolf Friedrich und Ernst August und der hannoverschen Armee erwartet wurde. Hunderte von Menschen bildeten den Rahmen für einen furiosen Empfang. Georg residierte im Schloss Herrenhausen, das repräsentativ umgebaut und mit Möbeln im englischen Stil, Teekesseln und Wasserklosetts ausgestattet worden war.

Am Tag darauf zog König Georg in die mit Blumen, unterschiedlichen Dekorationen und den charakteristischen »Ehrenpforten« in der Art klassischer Triumphbögen geschmückte Residenzstadt ein. Die eigens für den Besuch Georgs hergestellten Leichtbau-Architekturen waren von Hofbaumeister Laves geplant und von Hofmaler Ramberg künstlerisch gestaltet worden. Hannover feierte den königlichen Besuch mit einem ausgedehnten Volksfest, zu dem die Menschen zahlreiche Häuser mit Blumen, bemalten Transparenten, Fackeln und farbigen Lampions verziert hatten. An den folgenden Tagen fanden mehrere Audienzen, Unterredungen, Empfänge, Militärparaden, Jagden und Konzerte zu Ehren des Königs statt und am Abend des 18. Oktober – in Erinnerung an die »Völkerschlacht« bei Leipzig – ein mächtiges Feuerwerk in Herrenhausen. Emotionaler Höhepunkt für die am 24. Oktober in Herrenhausen versammelten Untertanen war sicher das Bekenntnis des Königs zu Hannover und sein Ausspruch »Hannoveraner will ich bleiben, Hannoveraner will ich leben! – Hannoveraner will ich sterben!« – Doch konnte dieses herrschaftliche Treuebekenntnis nicht über Georgs konservative, auf Restauration frühmoderner Verwaltungsstrukturen ausgerichtete Politik hinwegtäuschen. Georg IV. genoss die Ergebenheit seiner hannoverschen Untertanen. Deren Begeisterung stand in wohltuendem Kontrast zur kritischen Öffentlichkeit in Großbritannien.

Abb. 61
Heinrich Neelmeyer
Johann Carl Bertram Stüve
Lithografie, 1835
Historisches Museum
Hannover, VM 038065

Am 29. Oktober 1821 trat König Georg mittags seine Rückreise an, die ihn über Alfeld und Einbeck nach Göttingen führte. Hier brach er am 30. Oktober nach (Hannoversch) Münden auf, um sodann die Grenze zum Kurfürstentum Hessen zu überschreiten und in den Tagen darauf über Marburg, Wetzlar, Aachen und Lüttich bis zum französischen Hafen Calais zu gelangen. Am 8. November setzte der König nach England über und erreichte abends um 18 Uhr Ortszeit sein Schloss Carlton House in London.

Abb. 62
Ansichtsteller, Bildmotiv:
»Königliches Schloß zu Herrenhausen, Gartenseite«
Vorlage Wilhelm Kretschmer
Porzellan, um 1850
Historisches Museum
Hannover, VM 35976,3

Abb. 63
Ansichtsteller, Bildmotiv:
»Königliches Schloß zu Herrenhausen, Gartenseite«
Vorlage Wilhelm Kretschmer
Porzellan, um 1850
Historisches Museum
Hannover, VM 35976,3

1821

Für die Menschen im Königreich und insbesondere die etwa 15.500 Einwohner der Residenzstadt war der Besuch Georgs IV. das herausragende Ereignis des Jahres. Schon viele Monate zuvor hatte der Prinzregent eine solche Reise geplant und für den Zeitpunkt der Regierungsübernahme vorgesehen. Daher konnten entsprechende Vorbereitungen getroffen werden, die überwiegend die Herrichtung der maroden und unmodernen Schlösser und herrschaftlichen Liegenschaften betrafen, die in der Zeit der Personalunion und der mit ihr verbundenen Abwesenheit der Landesherren keine wesentlichen Erneuerungen erfahren hatten.

Im selben Jahr ergab sich zudem ein bedeutender Fortschritt für die politischen Verhältnisse in Hannover: Am 2. Januar trat eine neue Stadtverfassung in Kraft. Zum einen wurde die Bürgerschaft jetzt durch ein aus zwölf Mitgliedern bestehendes Bürgervorsteherkollegium vertreten. Noch galten diese Regelungen nur für die Altstadt Hannovers, denn die Vereinigung beider Städte sollte erst drei Jahre später erfolgen. Zum anderen legte die Stadtverfassung die – schon unter der Regierung von König Jérôme Bonaparte bestehende – Trennung von Justiz und Verwaltung fest; ein wichtiger Schritt auf dem Weg zum staatsrechtlichen Prinzip der Gewaltenteilung. Stadtdirektor Georg Ernst Friedrich Hoppenstedt (1779–1858) erhielt als königlicher Kommissar den Auftrag, die Reform durchzuführen und die Leitung der städtischen Verwaltung zu übernehmen. Er hatte nach dem 1800 abgeschlossenen Jurastudium in Göttingen als Auditor in Herzberg Erfahrungen gesammelt und zur Zeit der französischen Besetzung Hannovers als Maire-Adjunkt (stellvertretender Bürgermeister) gewirkt. 1817 war er zum Regierungsrat ernannt worden und hatte in dieser Funktion das Rechnungswesen der Stadt Hannover kontrolliert. 1820 wurde er vorläufig zum Stadtdirektor ernannt und begrüßte in dieser Funktion auch König Georg in der Residenzstadt. In seine Amtszeit fallen unter anderem die Erneuerung des hannoverschen Schulwesens und die Gründung einer »Spar- und Leih-Casse«. Im Zuge der Verfassungsreform wurde Christian Philipp Iffland (1750–1835) zum Direktor des Stadtgerichts ernannt. Auch er hatte in Göttingen Jura studiert und dort promoviert. Nach einer ersten Anstellung im Oberappellationsgericht in Celle wurde er zum zweiten Stadtsekretär in Hannover gewählt. Sein Förderer war der bedeutende aufgeklärte Reformer und Bürgermeister Wilhelm August Alemann (1728–1784). Iffland durchlief mehrere städtische Spitzenämter und war von 1789 an zehn Jahre lang Mitglied der Ständeversammlung. Nach der Zeit des Königreichs Westphalen, in der er das Amt des Maires – vorübergehend für Alt- und Neustadt – bekleidete, war er bis 1820 (altstädtischer) Bürgermeister. Mit Wirkung der neuen Stadtverfassung von 1821 wurde er Direktor des Stadtgerichts und nahm dieses Amt bis zu seinem Tod wahr.

Zu den wesentlichen Neuerungen, die sich positiv auf die weitere Stadtentwicklung und -ausdehnung im 19. Jahrhundert auswirken sollten, gehörte schließlich die Aufhebung der Torsperre an den vier Stadttoren der Altstadt. Diese Öffnung gab den Weg frei für den erleichterten Verkehr mit Handelswaren und auch für die nun schnell fortschreitende Besiedlung der umliegenden Gartengemeinden.

In den Museen und öffentlichen Sammlungen haben sich gerade aus dieser Kulturepoche zahlreiche Bilder, Grafiken, Schriften und dingliche Zeugnisse erhalten, sodass der Facettenreichtum des städtischen Lebens deutlich wird. Nicht zuletzt die überlieferten Alltagsgegenstände geben Aufschluss über die Vorlieben und Lebensverhältnisse der Hannoveranerinnen und Hannoveraner. Alle sind auf das Jahr 1821 datiert. Durch die Zufälle der Überlieferung oder weil sich mit ihnen eine kulturgeschichtliche Bedeutung verbindet, sind sie in den Museen erhalten geblieben. Freilich bilden die Dinge nicht die ganze Lebenswirklichkeit ihrer Epoche ab.

Abb. 64
Unbekannter Künstler
Silhouette von Christian Philipp Iffland
Zeitungsdruck, Historisches Museum Hannover

Abb. 65 ►
H. Schwab, Kupferstich, Tafel 14
»Säulenhalle im griechischen Style, in der Universitätsreitbahn zu Göttingen zu der allerhöchsten Gegenwart Sr. Majestät, Königs Georg IV.«
in: Heinrich Dittmer: Authentische u. vollständige Beschreibung aller Feyerlichkeiten […], Hannover 1822
Historisches Museum Hannover, VM 043612

Tafel 14.
GEORGIO IV PACIS ARMORVM QVE SVMMO PER EVROPAM QVAM LONGE PATET ARBITRO
gez. v. H. Behrens.
gest. v. Schwab.
5
10
20
30
40
50
Säulenhalle, im griech. Styl, in der Univ. Reitbahn zu Göttingen
nach dem Risse des Klosterbaum. H. Müller.
Zu der geschichtl. Darstellung
von Dr. Dittmer, Hannover 1822.

Abb. 66
Elle mit althannoverschen Maßeinheiten
1821 (Kat. Nr. 114)

Abb. 67
Haube
1821 (Kat. Nr. 119)

Abb. 68
Strumpfbänder
1821 (Kat. Nr. 122)

Abb. 69 ►
»His Royal Highness George Prince of Wales, Regent of the United Kingdom«
zwischen 1811 und 1820
(Kat. Nr. 123)

Macht der Bilder

Der Prinzregent und spätere König Georg IV. wusste nicht nur um die Bedeutung bildlicher Darstellungen, sondern setzte sie auch bewusst ein. Kein Zweifel: Porträts von Mitgliedern der Herrscherfamilie waren nicht Privatsache, sondern hatten unterschiedliche Funktionen zu erfüllen. Zum einen dienten sie als »Tauschobjekte« zur Vorstellung und Bekanntmachung potenzieller Heiratspartner und -partnerinnen. Der Austausch dieserart Porträts – durch Diplomaten überbrachte Geschenke – bedingte die Transportfähigkeit der Bilder und damit kleine Formate. Freilich waren die diesem Zweck dienenden Gemälde oft »geschönt« und riefen daher gelegentlich falsche Vorstellungen hervor. So beklagte Caroline von Braunschweig-Wolfenbüttel anlässlich ihrer ersten realen Begegnung mit dem für sie bestimmten Gatten Kronprinz Georg, er sei – anders als es das ihr bekannte Porträtgemälde suggeriere – in Wirklichkeit unattraktiv und fettleibig.

Zum anderen verdeutlichten die großformatigen Staatsporträts, die in den repräsentativen Räumen von Schlössern und Regierungsgebäuden hingen, die Präsenz der Herrschenden und ihre unbedingten Machtansprüche. Zu den ersten Aufträgen, die König Georg IV. an die namhaften Künstler seiner Zeit vergab, gehörten daher auch mehrere ganzfigurige Bildnisse. Sie wurden zahlreich kopiert und fanden sich in mehreren Schlössern und Sälen Hannovers. Hier fertigte 1827 der hannoversche Kunstmaler Friedrich Winkelmann die Kopie eines der berühmtesten Bildnisse Georgs von Thomas Lawrence (1769 – 1830) an.

Die Darstellung der Fürsten auf Staatsporträts folgte stets bestimmten – wenn auch sich wandelnden – Prinzipien. So brachten die Künstler durch herrschaftliche Posen und Gesten, aber auch durch die Wahl der Gewänder Rang, Würde und Herrschaftsanspruch der Dargestellten zum Ausdruck. Oft setzten sie im Bildhintergrund Schlösser und Residenzen hinzu, die auf angestammte Herrschaft verwiesen und den lokalen Bezug herstellten. Versatzstücke wie idyllische Landschaften versinnbildlichten die Verheißung friedlicher Zustände, wirtschaftlicher Blüte und anhaltenden Wohlstands im Land; Säulen waren Zeichen für herrschaftliche Stärke und Zuverlässigkeit, und textile Wanddraperien gingen auf Baldachine zurück, wie sie über Thronen arrangiert wurden. Dem als Reiter dargestellten Herrscher wurde die Fähigkeit zugeschrieben, die ungestüme Kreatur zu zähmen und sie sowohl mit Strenge als auch mit Geschick in seinem Sinn zu lenken.

Abb. 70
Silhouetten von Ludwig Chr. H. Hölty und Wilhelm Joh. Jul. Hoppenstedt Pastor an der Gartenkirche
Sammlung Zimmermann Historisches Museum Hannover, VM 012107, 48a und b

Gehörten zu den Accessoires der Porträtierten im frühneuzeitlichen Fürstenstaat in erster Linie Krönungsinsignien – Krone, Zepter, Reichsapfel, Schwert – und Umhänge mit Hermelinbesatz, Brustharnische und Helme, so wurden die Herrscher ab 1800 vermehrt durch Uniformen und höchste militärische Orden gekennzeichnet. Georgs Darstellung durch Lawrence vermittelt den Betrachtenden den König modisch frisiert in selbstbewusstem Habitus auf den Degen gestützt, in den roten Generalsrock gekleidet und den schwarzen Zweispitz in der linken Hand haltend. Wichtig sind die Orden und Insignien, die er trägt: das Goldene Vlies, das Schulterband des Guelphen-Ordens – 1815 von ihm selbst begründet – und der Stern des 1348 von König Eduard III. gestifteten Hosenbandordens. Sie alle weisen ihn als höchstdekorierten Würdenträger im Staat aus. Das Bild, das unten rechts die hannoversche Marktkirche zeigt, entstand 1827 im Auftrag des Magistrates für das Schützenhaus in der Ohe – Georg war inzwischen 65 Jahre alt und von gänzlich anderer Gestalt.

Seit der Aufklärung und in der Epoche von Empfindsamkeit und Romantik bediente sich zunehmend auch das Bürgertum des Porträts, freilich in ganz anderer Absicht als der Adel. So ließ der hannoversche Hofrat Johann Georg Christian Kestner (1741–1800) – verheiratet mit Charlotte Buff (1753–1828), dem realen Vorbild der »Lotte« in Goethes Roman *Die Leiden des jungen Werther* – kleinformatige Erinnerungsporträts von mehreren seiner Kinder anfertigen. Daneben wurde es in bürgerlich-intellektuellen Kreisen Mode, eine rege Briefkultur zu pflegen, den intimen Schreiben unterschiedliche Kleinformen des Porträts – Zeichnungen, Silhouetten und Miniaturen – beizufügen und auf diese Weise Freundschaften zu demonstrieren oder zu festigen. Mit Hannover verbindet sich der Freundschaftskult der seit 1772 aktiven Literatengruppe »Göttinger Hain« um Ludwig Christoph Heinrich Hölty (1748–1776) und Heinrich Christian Boie (1744–1806).

Residenz- und Bürgerstadt

Den baulichen Charakter Hannovers prägten im ausgehenden 18. Jahrhundert sowohl in der Alt- wie auch in der Neustadt in erster Linie Fachwerkhäuser. Auch die meisten der repräsentativen Schloss- und Hofgebäude des Adels waren in dieser traditionellen Bauweise ausgeführt: Selbst hinter der barocken Fassade von Schloss Herrenhausen verbarg sich eine Fachwerkkonstruktion.

In Gestalt und Ausdehnung hatte bis in die Mitte des 18. Jahrhunderts der mittelalterliche Stadtgrundriss Bestand. Mit dem Errichten der Festungsanlagen war im

Abb. 71
Johann Christian
Benjamin Gottschick
Ludwig Christoph Heinrich Hölty
Kupferstich nach einer Zeichnung von Johann Friedrich Baumann, undatiert
Historisches Museum Hannover, VM 018312

Abb. 72
Teedose, um 1830
(Kat. Nr. 134)

17. Jahrhundert die westlich gelegene Calenberger Neustadt zwar »optisch« mit der mittelalterlichen Altstadt vereinigt worden – dies zeigen die Stadtansichten von Matthäus Merian d. Ä. (1593 – 1650) und Friedrich Bernhard Werner (1690 – 1776) –, doch blieb das um die Neustädter Kirche herum gelegene Gemeinwesen bis 1824 weiterhin selbstständig.

Die 1748 auf Veranlassung des Bürgermeisters Christian Ulrich Grupen (1692 – 1767) begonnene Anlage der Aegidienneustadt im Süden Hannovers bedeutete eine erste planvolle – im besten Sinne barocke – Stadterweiterung. Fünfzehn Jahre später setzte der Rückbau der frühneuzeitlichen Bastionen ein: Die militärisch unbrauchbaren Befestigungswerke aus dem 17. Jahrhundert wurden jetzt in Promenaden mit großzügigen Alleen umgestaltet. 1767 entstand im Westen der Stadt die Esplanade mit Parade- und Exerzierplatz für die kurfürstlichen Soldaten. Die Einwohnerzahl in Alt- und Neustadt stieg von 16 500 Menschen 1796 auf 22 000 Personen nach der Vereinigung beider Stadtteile 1824. Das Dorf Linden zählte in diesem Jahr 1 617 Einwohner.

Die Altstadt wurde weiterhin durch das bürgerliche Zentrum mit Markt, Marktkirche und darum angeordneten Bürgerhäusern gekennzeichnet. Erst im ersten Drittel des 19. Jahrhunderts ließen sich wohlhabende Bürger und Adelige an der Peripherie und außerhalb der frühneuzeitlichen Stadtgrenzen Stadtvillen erbauen. Hofbaumeister Georg Ludwig Friedrich Laves (1788 – 1864) entwarf für den Oberhofmarschall Graf Georg von Wangenheim ab 1825 dessen Stadtpalais an der Friedrichstraße, das 1833 fertiggestellt war. Für sich selbst ließ Laves 1823/24 in unmittelbarer Nähe zum Wangenheimpalais eine Mietvilla bauen, deren Obergeschoss er bewohnte.

Das an der Leine befindliche Residenzschloss – seit Beginn der Personalunion nur noch selten als landesherrliches Wohn- und Regierungszentrum genutzt – entsprach um 1800 hinsichtlich seiner architektonisch uneinheitlichen Gestalt, die unterschiedliche Bau- und Entwicklungsphasen erkennen ließ, keineswegs den Ansprüchen barocker Hofkultur. Diese Funktion übernahmen im Bedarfsfall Schloss, Galeriegebäude und Großer Garten in Herrenhausen. Im Leineschloss war nach einem Brand des Kammerflügels ein Neubau notwendig geworden, der 1742 bis 1746 nach Plänen von Oberhofbaumeister Johann Paul Heumann (1703 – 1759) – nach Überarbeitung durch den Pariser Architekturlehrer Jacques-François Blondel (1705 – 1774) – in den Formen des französischen Barock ausgeführt wurde – ein wichtiger Schritt zu einer zeitgemäßen Architekturspra-

Abb. 73
Wilhelm Kretschmer
Friedrichstraße mit Wangenheimpalais
Lithografie, 1855
Historisches Museum Hannover, BA 663/1985

Abb. 74
Anton Hallmann
Leineschloss von der Leinstraße aus
rechts der Kammerflügel
Aquarell, 1833
Historisches Museum Hannover, VM 010756

che. Und es war die Zeit der französischen Besatzung, die das 1802 durch den Karlsruher Friedrich Weinbrenner (1766–1826) geplante Projekt zum modernen Umbau des Schlosses vereitelte, so etwa die Einrichtung eines repräsentativen Festsaals und die Neugestaltung des stadtseitigen Zugangs zum Schloss.

Ab 1815 widmete sich der drei Jahre zuvor zum Hofbauverwalter berufene Laves der Instandsetzung und dem Umbau des Leineschlosses. Dabei orientierte er sich einerseits – beim Bau des Leineflügels – an den Formen des Heumann'schen Kammerflügels und erreichte damit eine neue Einheitlichkeit der Fassadengestaltung. Andererseits entwickelte er beim straßenseitigen Flügel, mit dem Wintergarten sowie in der Schlosskirche und im Thronsaal einen eigenen architektonischen Stil. Weithin sichtbares Zeichen der Schlosserneuerung war der 1834 fertiggestellte Portikus mit sechs korinthischen Säulen und dem wappengeschmückten Giebeldreieck. Vorbild für diese monumentale Eingangsgestaltung war die Londoner Residenz von König Georg IV., Carlton House. Die brüchige und längst der barocken Verzierungen beraubte Fassade von Schloss Herrenhausen wurde 1818 durch eine moderne Quaderung mit kräftigem Fugenschnitt ersetzt. Zum Besuch des Königs ließ Laves das Schloss mit Teeküchen, Fußbadekübeln und Spültoiletten ausstatten und die alte Durchfahrt zum Garten in ein klassizistisch geprägtes Vestibül umbauen, das der Hofmaler Johann Heinrich Ramberg (1763–1840) mit großflächigen allegorischen Darstellungen ausmalte, die den König verherrlichten. Im Obergeschoss wurde ein repräsentativer Speisesaal mit zeitgemäßer Kücheneinrichtung geschaffen.

Ein baukünstlerisches Kleinod und ein wichtiger architektonischer Bezugspunkt für Berg- und Georgengarten entstand 1819 mit dem Bibliothekspavillon, der als *point de vue* das Ende der Herrenhäuser Allee markiert, zugleich den Berggarten erschließt und zunächst als Wohnung für den zweiten Gartenmeister gedacht war. Laves war der Architekt und Planer des neuen, königlichen Hannover, der wichtige, identitätsstiftende Erinnerungszeichen wie die Waterloosäule auf dem neuen Exerzierplatz schuf oder mit dem 1847 fertiggestellten Mausoleum im Berggarten zur Verklärung von König Ernst August (1771–1851) und dessen Gattin Friederike (1778–1841) beitrug. Ein bemerkenswertes Zeugnis seiner Stilsicherheit war – am selben Ort – das 1849 vollendete Palmenhaus. Den Stadtraum Hannovers prägte Laves entscheidend durch sein Konzept der hochurbanen »Ernst-August-Stadt« mit dem als neues Zentrum definierten Kröpcke-Platz, von dem Sichtachsen

Abb. 75
Kratervase
1835 (Kat. Nr. 129)

zum 1845 begonnenen Opernhaus, zum 1847 fertiggestellten »Central-Bahnhof« und – noch imaginär – zum in gedachter Linie liegenden Leineschloss abgingen bzw. angedacht waren. Ein in seiner Wirkung bis in die Gegenwart hinein gelungener stadtplanerischer Entwurf.

Abb. 76
Wilhelm Kretschmer
Palmenhaus im Berggarten Hannover-Herrenhausen
Lithografie, undatiert
Historisches Museum Hannover
VM 010468,19

Abb. 77
Wilhelm Kretschmer
Georgstraße und Königliches Hoftheater
kolorierte Lithografie, 1852, Historisches Museum Hannover
VM 024498,14

Abb. 78
Verzierungen aus vergoldetem Holz am Coupé des Prinzen von Wales
um 1790 (Kat. Nr. 135)

Zweitwagen

Noch ein Prunkwagen wurde nach der Erhebung Hannovers zum Königreich von London aus hierher geschickt. Es handelte sich um das Coupé Georgs IV., das um 1790 herum gebaut worden war und das er als Prinz von Wales für offizielle Auffahrten genutzt hatte. Als Coupés oder Chariots bezeichnete man geschlossene zweisitzige Kutschen mit halbem Wagenkasten. Die im hannoverschen Marstall überlieferte Kutsche Georgs IV. erhält ihre besonders elegante Anmutung durch die nach vorn schwingende Form, die vergoldeten Schnitzereien, Ordensbeschläge und Wappenmalereien. Kennzeichnend für den edlen Gesamteindruck des Wagens sind seine goldgestreiften Außenwände mit dem prinzlichen Wappen, den drei Kronen Großbritanniens und der Krone des Prinzen von Wales mit den charakteristischen drei Straußenfedern. Umlaufend ziert ein schwarzes Band die Kutsche, das im Wechsel die Thronfolgerkrone und den heiligen Georg zeigt. Auf die künftige Herrschermacht des Prinzen deuten die Symbole der römischen Fasces an den Fensterstreben hin: Rutenbündel mit einem Beil. Das schon von der State Coach bekannte Motiv des Kunst- und Sonnengotts Apollon findet sich am Coupé innen unter dem Kutschbock.

König Georg IV. trennte sich 1823 von diesem Fahrzeug, vielleicht weil die gemalten und geschnitzten Symbole allzu sehr auf den Status des Prinzen von Wales verwiesen, den Georg spätestens 1820 abgelegt hatte. Er stellte die Kutsche seinem Bruder Herzog Adolf Friedrich von Cambridge zur Verfügung, der 1801 schon Kommandant der Stadt Hannover gewesen und 1813 zum Militärgouverneur und königlichen Repräsentanten bestimmt worden war. Seit 1816 wirkte er als Generalgouverneur und führte den Oberbefehl über die hannoversche Armee. Der musikalisch sowie an Kunst und Wissenschaften interessierte Stellvertreter des Königs war wegen seines volksnahen Habitus und seiner jovialen Art in Hannover sehr beliebt. Seine Zeit als Vizekönig endete im Jahr 1837 mit dem Regierungsantritt seines Bruders König Ernst August von Hannover. Ob er das Coupé des Prinzen von Wales je benutzt hat, ist nicht bekannt.

Abb. 79
Christian Ahrbeck
Adolf Friedrich, Herzog von Cambridge
Öl auf Leinwand, 1846
Historisches Museum
Hannover, VM 016880

Abb. 80
Boguslaw Jarklowski
Adolf Freiherr Knigge
Öl auf Leinwand nach Carl
Oesterley, um 1795
Historisches Museum
Hannover, VM 011688

Stadtprominenz

»[...] Wenn die Regeln des Umgangs nicht bloß Vorschriften einer konventionellen Höflichkeit oder gar einer gefährlichen Politik sein sollen, so müssen sie auf die Lehren von den Pflichten gegründet sein, die wir allen Arten von Menschen schuldig sind, und wiederum von ihnen fordern können. – Das heißt: Ein System, dessen Grundpfeiler Moral und Weltklugheit sind, muss dabei zum Grunde liegen. [...]«
Adolf Knigge, 1797

»Der Adel ist hier alles. Selbst des Konditors Robbys schönes Ladenmädchen lächelt nur Edelleuten zu und sieht den barzahlenden Bürgerstand ernsthaft [...] an.«
Ludwig Börne, 1828/29

»Die Trennung des Adels vom Bürgerstande [...] schränkt sich auf große Gesellschaften ein, [...] in der kleineren Societät [...] findet sich diese Absonderung nicht. In mehreren Häusern trifft man oft äußerst angenehme Gesellschaften [...] an, wo die Menschen ohne allen Unterschied des Standes [...], nur als freye Menschen reden und handeln.«
Ernst Brandes, 1789/90

Widersprüchliche Voten von Zeitgenossen zwischen Ancien Régime, liberalem Aufbruch und Restauration? Das Gesellschaftsleben der Stadt Hannover um 1800 spiegelte freilich die grundsätzlich herrschende ständische Gesellschaftsordnung wider: An der Spitze der sozialen Pyramide stand der Adel mit seinen traditionellen Privilegien – von der Jagd bis zu seinen angestammten Patronaten, Gerichtsbarkeiten und vielerlei Einzelrechten gegenüber den abhängig in Diensten stehenden Personen – sowie den Möglichkeiten, qua Geburt in höchste Ämter bei Hofe und im Militärdienst zu gelangen.

Darunter rangierten in der Stadtgesellschaft die Geistlichen und die Angehörigen der »hübschen« (= höfischen) Familien aus dem gehobenen Bürgertum, deren Repräsentanten bei Hofe zugelassen waren und wichtige Positionen im System der Beamtennomenklatur bekleideten. Waren sie im Staatsdienst tätig, beanspruchten sie als »Geheime Sekretäre« die Ebene unterhalb der regierenden Geheimen Räte. Sie achteten peinlich auf Ebenbürtigkeit und Gleichartigkeit im Heiratsverhalten: Man blieb gesellschaftlich unter sich und akkumulierte Ämteransprüche und Besitz. Auch wenn die offiziellen Hof- und Standesranglisten dies nicht ausdrücklich auswiesen: In der realen sozialen Hierarchie verfügten die Angehörigen der wohlhabenden und grundbesitzenden Familien gegenüber den beamteten Funktionsträgern über mindestens gleiche Einfluss-Sphären, genossen aber auch den Nimbus der althergebrachten Verpflichtung gegenüber dem Gemeinwesen. Sie repräsentierten die Familien, die sich über Generationen hinweg traditions- und verantwortungsbewusst für die Belange der Stadtgesellschaft eingesetzt, die allgemeine »Wohlfahrt« unterstützt und auf die vielfältigen Formen und Bedrohungen von »Armut« reagiert sowie stets ein Augenmerk auf die Förderung des kulturellen Lebens gerichtet hatten. Denn ganz im Sinne vormoderner Strukturen, mit denen die individuelle Verantwortung für das städtische Gemeinwesen und damit verknüpfter Positionen wie Ratszugehörigkeit, Mitgliedschaft in Deputationen, Kommissariaten oder Gesandtschaften verbunden war, nahmen ausgewählte Familien Einfluss auf die Geschicke des sozialen Lebens.

In der ständischen Hierarchie folgten sodann die Kaufleute, Anwälte und Ärzte, dann die Handwerksmeister, die Gesellen und schließlich die Arbeitsleute und Soldaten. Am unteren Ende der sozialen Skala rangierten die Armen und gesundheitlich Eingeschränkten, insbesondere mittellose Witwen. Voraussetzung für die aktive Teilhabe an der Stadtgesellschaft unterhalb des Adelsstandes war stets das Bürgerrecht, das an Haus-

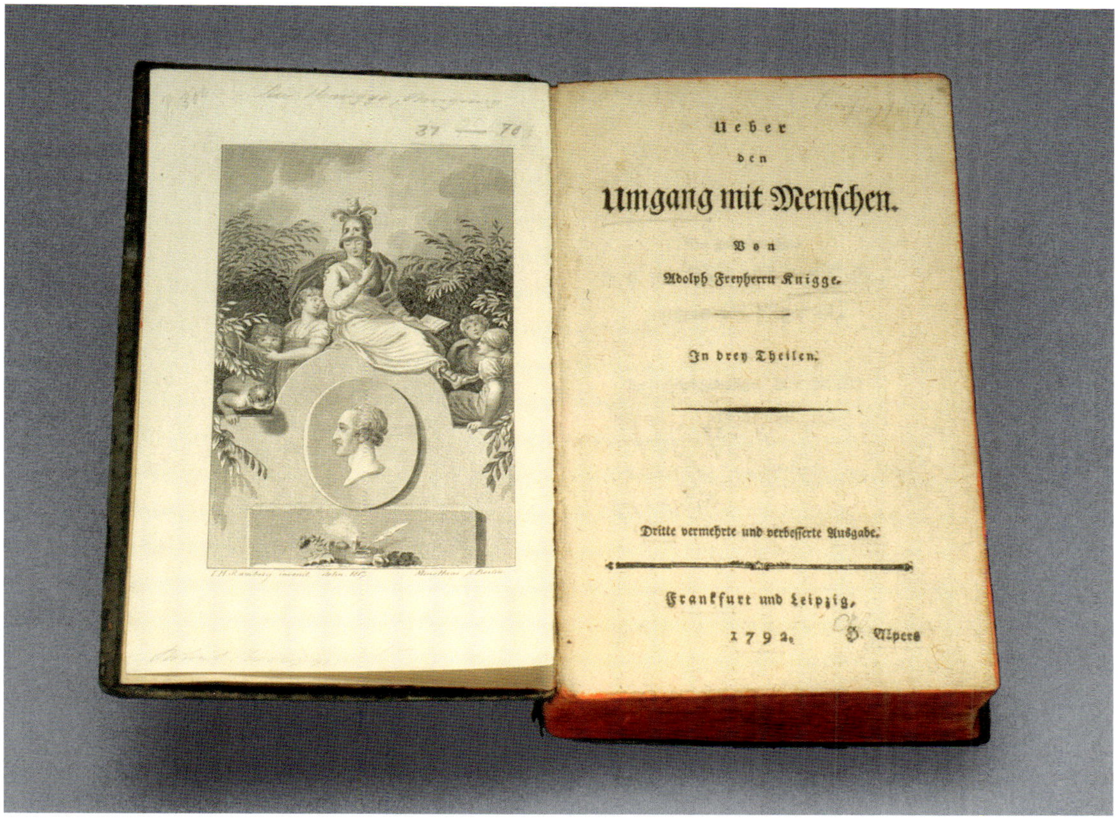

Abb. 81
Adolf Freiherr Knigge
Über den Umgang mit Menschen
Frankfurt und Leipzig 1792
Titel und links Lithografie von Johann Heinrich Ramberg, 1817
Historisches Museum Hannover, VM 038385

besitz und Kreditwürdigkeit – das heißt an nachweisbares Vermögen – geknüpft war. Mittellose Menschen hatten keine Rechte, auch Frauen waren außerhalb von Ehe und Familie weitgehend rechtlos, hatten allenfalls ein passives Bürgerrecht und fanden ihren gesellschaftlichen Platz in der Regel nur an der Seite ihres Vaters, Bruders oder Ehemanns. Klöster und Stifte – in Kurhannover grundsätzlich an der evangelisch-lutherischen Konfession orientiert – boten unverheirateten Frauen von Adel und gelegentlich aus dem gehobenem Bürgertum Möglichkeiten, durchaus eigenständig am gesellschaftlichen Leben teilzuhaben und eigene Interessen wahrzunehmen.

Wenige nach englischem Vorbild gegründete Clubs und Vereine wie die Naturhistorische Gesellschaft (1797) und der Gewerbeverein (1826) boten tatsächlich standesübergreifende Geselligkeit.

Die Gedanken des für die Ideen der Französischen Revolution eingenommenen Freiherrn Adolf Knigge (1752–1796) – sein Buch *Über den Umgang mit Menschen* erschien erstmals unmittelbar vor der Erstürmung der Pariser Bastille – richteten sich in der Art einer Aufklärungsschrift an ein literarisch interessiertes Publikum, das gesellschaftlichen Neuerungen aufgeschlossen gegenüberstand und bereit war, jenseits tradierter ständischer Barrieren Verständnis für egalitäre Vorstellungen zu entwickeln. Beseelt von aufklärerischen Prinzipien warb Knigge für Akzeptanz und Empathie im Umgang mit den Mitmenschen unterschiedlicher Stände und appellierte ganz im Sinne des Kant'schen Kategorischen Imperativs sowohl an die rationale wie an die emotionale Dimension des individuellen moralischen Denkens. Das Buch riet zum besonnenen und verständnisvollen Verhalten gegenüber allen gesellschaftlichen Akteuren, so auch Ärzten, Jähzornigen, Schurken – aber auch zum bewussten »Umgang mit Kindern«. Den Charakter der Schrift kennzeichnet so recht ihr Titel in der englischen Übersetzung, die 1805 für den amerikanischen Markt angefertigt wurde: »Practical Philosophy of Social Life: Or the Art of Conversing with Men«.

Abb. 82
Johann Heinrich Ramberg
Hannover von der Göttinger Chaussee
Federzeichnung, unvollendet aquarelliert, undatiert
Historisches Museum Hannover VM 10708

Auf Achse

Noch bis in das 20. Jahrhundert hinein überwanden die meisten Menschen – nicht nur die wandernden Handwerksgesellen – auch größere Distanzen überwiegend zu Fuß. Seit 1764 wurden in Kurhannover viele der bis dahin unbefestigten Handels- und Militärstraßen unter landesherrlicher Aufsicht zu Chausseen ausgebaut, selten gepflastert, aber mit einer wassergebundenen Decke versehen und oft auch mit Alleebäumen ausgestattet, die Fußgängern Schatten spenden konnten. Den Anfang machte 1766 die Chaussee nach Hameln, dann die nach Göttingen; die Straße nach Hildesheim war 1796 fertiggestellt.

Neben den in der Landwirtschaft und in den Forsten tätigen Menschen, die oft lange Wege zu ihren Arbeitsplätzen gehen mussten, nutzten in erster Linie Bauern und Bäuerinnen die Straßen, um in die Städte zu gelangen, wo sie mit ihren Erzeugnissen die Märkte beschickten. Auf den Straßen des Kurfürstentums, die die Städte miteinander verbanden, waren Fernhändler und ihre Fuhrleute, Militärangehörige und Diplomaten, Geistliche und Beamte unterwegs, hielten sich aber stets auch Vagabunden und Räuber auf. Hannover profitierte von seiner zentralen Verkehrslage; hier kreuzten sich sechs wichtige Poststraßen, der bedeutendste Handelsweg war 1786 die Straße nach Nürnberg und Augsburg. Die Landesgrenzen, das oft unwegsame Gelände und gelegentliche Unwetter erschwerten allerdings das Vorankommen. An Zollstationen und Stadttoren musste haltgemacht werden und Militärpersonen führten Kontrollen durch. Hier wurden »unerwünschte Personen« abgewiesen und zurück auf die Straße geschickt, etwa Bettler, einer ansteckenden Krankheit Verdächtige oder auch Angehörige unbeliebter Volksgruppen, die zumeist mit dem Sammelbegriff »Zigeuner« bezeichnet wurden. 1785 zählten die Torwachen 9 152 Frachtwagen und Karren. Die Tore und die oft mit Zollstationen verbundenen Gasthäuser an den Straßen waren außerdem Umschlagplätze für Informationen und Nachrichten, hier erfuhr man von den anderen Reisenden das Neueste.

Wohlhabende Menschen bedienten sich eines Reitpferds oder nutzten eigene bzw. gemietete Kutschen. Als sich im Laufe des 18. Jahrhunderts die technischen Details der Kutschen und auch der Fahrkomfort verbesserten, nutzten Adelige in zunehmendem Maße von Pferden gezogene Wagen. Sie verfügten oft über mehrere gefederte Kutschen, um bequem zu ihren unterschiedlichen Wohnsitzen zu gelangen, ihre Jagdgebiete aufzusuchen und durch gegenseitige Besuche die Kommunikation innerhalb ihres adeligen Netzwerks zu pflegen. Auch die Angehörigen der bürgerlichen Ober-

Abb. 83
Johann Heinrich Ramberg
Hannover von Nordosten
kolorierte Radierung, 1798
Historisches Museum
Hannover, VM 10223

schicht, der in Kurhannover sogenannten hübschen« Familien, reisten mit diesem Standard und konnten sich entsprechend komfortabel durch die Städte und über Land fortbewegen. Kutschen waren damit Statussymbole, und umfangreiche Equipagen unterstrichen die Bedeutung der Reisenden. Wer sich diese Art des Fahrens nicht leisten konnte, nutzte vielleicht die offenen Stuhlwagen der »ordinairen Fahrpost« oder die legendären Postkutschen. Diese beförderten auf ihren Routen in erster Linie Briefe und Güter, aber durchaus auch Personen. Sie boten zumeist Platz für vier bis acht Personen, manchmal auch zusätzliche Notsitze für mitreisendes Personal. Mitgeführte Koffer, Truhen und Körbe wurden, wenn die Reisenden sie nicht unter den Beinen oder auf den Knien halten konnten, außen befestigt oder auf dem Dach der Kutsche transportiert. Auch Tiere fanden außen ihre Plätze, etwa in Netzen unter dem Fahrzeug.

Nachdem die kriegerischen Ereignisse der napoleonischen Zeit die Post- und Personenbeförderung stark beeinträchtigt hatten, erreichte die mit der Entwicklung der Schnellpost verbundene »Revolution« des Verkehrswesens auch Norddeutschland. Auf den Chausseen verkehrten immer häufiger Postkutschen mit geschlossenem und gefedertem Wagenkasten, damit steigerte sich allmählich der Fahrkomfort der Karossen. Schließlich setzten sich auch feste Abfahrts- und Ankunftszeiten an den Stationen durch und machten das Reisen zunehmend planbar. Der Bau und Betrieb von Verkehrsmitteln entwickelte sich zu einem durchaus einträglichen Wirtschaftszweig, der alten und neuen Gewerken Auftrieb verlieh. Die große Enzyklopädie von Johann Georg Krünitz (1728–1796) benannte 1801 die beteiligten Gewerke: »Wagner, Stellmacher, Rademacher, Tischler, Grobschmied, Kleinschmied, Schlosser, Sattler, Posamentierer, Glaser, Bildschnitzer, Rot- und Bildgießer, Ziseleur oder Metallschneider, Drechsler, Maler, Vergolder, Lackierer«. Immer wichtiger wurden auch die Berufe, die durch Vermessung, Kupferstich, Druck und Verlag geeignetes Kartenmaterial zur Verfügung stellten.

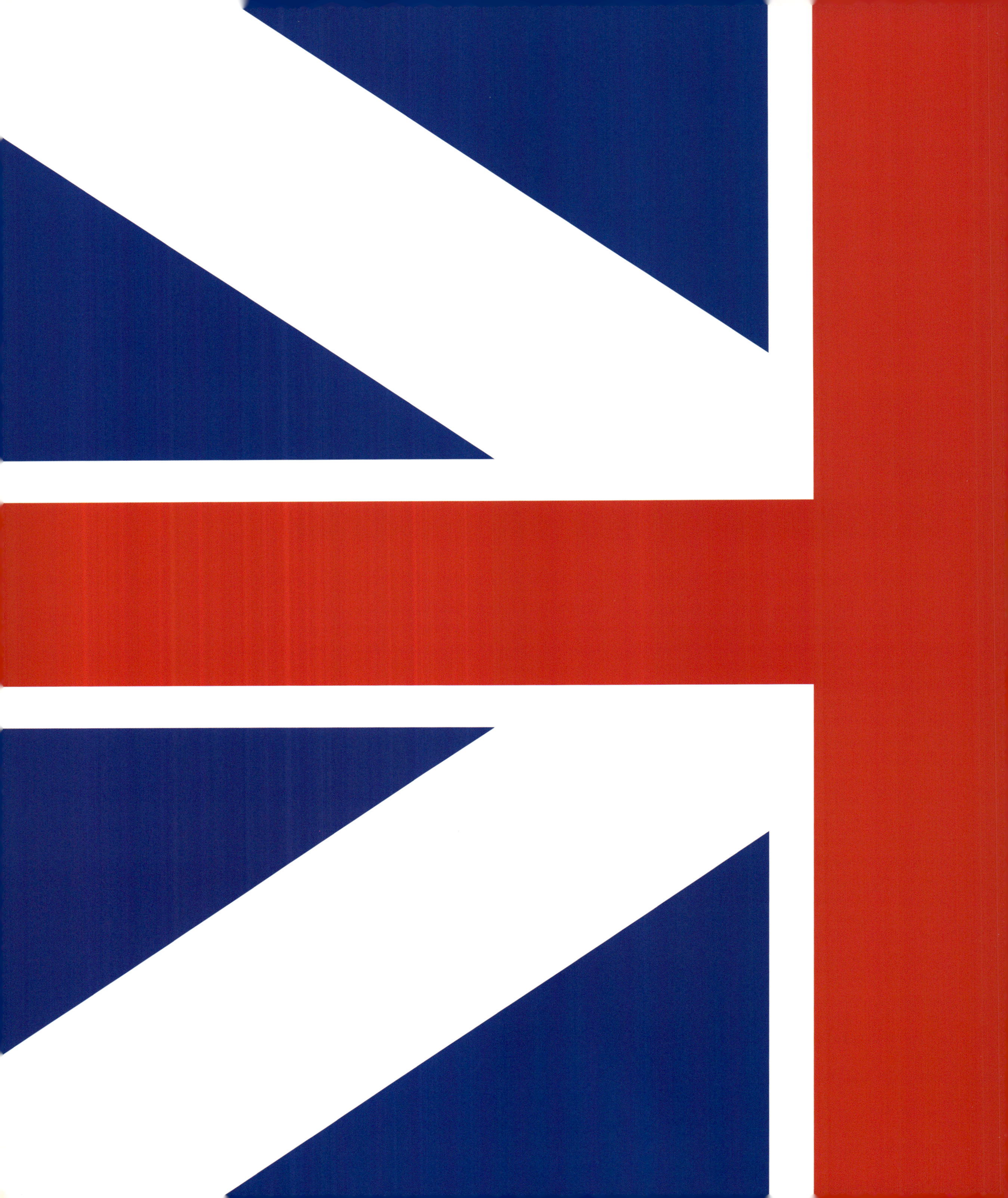

KATALOG

Vater und Sohn

1

2

1

»The Royal Family of Great Britain« nach 1778

London
Kupferstich · 38,5 × 53 cm
Historisches Museum Hannover, Inv. Nr. VM 35921

Die Grafik zeigt König Georg III. mit seiner Frau Königin Charlotte und ihren zwölf Kindern. Die Prinzen Octavius und Alfred sowie Prinzessin Amalia wurden später geboren.

2

Wappen Prinzen von Wales um 1730

bemaltes und zum Teil vergoldetes Holz · 74 × 57 × 8 cm
Niedersächsisches Landesmuseum Hannover
Inv. Nr. L 1335

Die Wappenhalterfiguren Löwe und Einhorn präsentieren den Schild mit dem britisch-hannoverschen Wappen, das von dem Motto des Hosenbandordens »Honi soit qui mal y pense« (Ein Schelm, wer Böses dabei denkt) gerahmt wird. Unter dem Wappenschild die Devise des Prinzen von Wales »Ich dien«. In dieser Form wurde das Wappen von 1714 bis 1801 verwendet.

3

»George Augustus Frederick Prince of Wales«, um 1770

John Saunders
Schabkunstblatt · 76,5 × 57 cm
Niedersächsisches Landesmuseum Hannover
Inv. Nr. L 2085

Georg wurde im Alter von etwa zehn Jahren porträtiert. Die abgebildete Königskrone links oben diente als Hinweis auf seine Anwartschaft auf die Thronfolge.

4

»His Royal Highness George Prince of Wales«, 1792

Joseph Collyer nach einem Gemälde von John Russell
Druck · 34,3 × 25,7 cm
Historisches Museum Hannover, Inv. Nr. VM 37904

5

»A Connoisseur examining a Cooper« (Georg III. beim Betrachten einer Miniatur), 1792

nach einer Zeichnung von James Gillray
kolorierte Radierung · 38,7 × 34,4 cm
Historisches Museum Hannover, Inv. Nr. VM 29389

Georg III. wird bei der Betrachtung eines von dem Maler Samuel Cooper gefertigten Miniatur-Porträts des Republikaners Oliver Cromwell dargestellt. Der Kerzenstummel spielt auf die ausgeprägte Sparsamkeit Georgs III. an.

3

4

5

Bauernland

6

6

Bauernhaus in der Umgebung Hannovers, um 1800

Aquarell auf Papier · 27,6 × 35,5 cm
Historisches Museum Hannover, Inv. Nr. VM 4954

7 (ohne Abb.)

Ansicht von Friedensthal, um 1830

Ernst Friedrich Grünewald und William John Cooke nach einer Zeichnung von Louis Niebour
Stahlstich · 37,5 × 48,5 cm
Historisches Museum Hannover, Inv. Nr. VM 25521

1792 siedelte sich eine Gruppe von Quäkern – eine aus Großbritannien stammende christliche Gemeinschaft – in der Nähe von Bad Pyrmont an. In dieser einzigen deutschen Quäkerkolonie lebten und arbeiteten etwa 70 Personen. Strenge Regeln bestimmten den enthaltsamen Alltag im »Friedensthal«. Zu den Glaubensbrüdern in England gab es regelmäßige Kontakte. Diese unterstützten die deutsche Siedlung im Kurfürstentum Hannover mit Spenden, ließen ihre Kinder dort unterrichten und halfen beim Aufbau von Produktionsstätten.

8

10

8

Ansicht der Stadt Hannover von Südwesten, um 1800

kolorierte Lithografie · 11,6 × 16,9 cm
Historisches Museum Hannover, Inv. Nr. VM 45733

9 (ohne Abb.)

Beetpflug, um 1850

Ostfriesland
Holz, Eisen · 104,5 × 260 × 58,2 cm
Historisches Museum Hannover, Inv. Nr. VM 21411

Der Pflug besitzt ein einseitiges hölzernes Streichbrett, das die aufgeworfene Erde wendete. Es ist nach dem Vorbild flandrischer Pflüge mit einer großen, leicht gewölbten Schar aus Eisen beschlagen. In Großbritannien wurden bereits nach 1750 Streichbretter aus Stahl eingesetzt. Sie bearbeiteten den Boden effektiver. Schriften machten solche Innovationen auch in Norddeutschland bekannt. Dort nutzten die Bauern jedoch ihre alten schwerzügigen Geräte weiter und verstärkten sie mit Eisen.

10

»Dr. A. Thaer's Beschreibung der nutzbarsten neuen Ackergeräthe« 1803–1806

Hannover
Buchdruck · 28,5 × 13 × 3,5 cm
Historisches Museum Hannover, Inv. Nr. 2 V 10 B 2

Die Celler Landwirtschaftsgesellschaft nahm 1780 den Mediziner Albrecht Thaer (1752–1828) als Mitglied auf. Thaer studierte die Schriften britischer Ökonomen und befand sich in regem Austausch mit Agrarreformern, die England bereisten. In seinem Lehrinstitut praktizierte er neue Methoden der Bodenbearbeitung und des Pflanzenanbaus. Grundbesitzer und Bauern ließen sich von den fortschrittlichen Ideen nur allmählich überzeugen.

11

Schnupftabakdose, 1820/1830

Deckeldarstellung: »Life in London« mit Reisenden auf und in einer Postkutsche sowie Passanten
Holz mit schwarzer Lackierung · bedrucktes Papier
H. 1,7 cm · Dm. 8.9 cm
Historisches Museum Hannover, Inv. Nr. VM 136 d, 1

12

Zylinder, um 1830

Herstellerbezeichnung: »Waterprof. London«
Seidenfilz · 29,3 × 25,5 × 31 cm
Historisches Museum Hannover, Inv. Nr. VM 8437 g

13

Kerzenleuchter, um 1800

Stempel unter dem Fuß: »K u. London«
Zinn · H. 20,2 cm · Dm. 13,1 cm
Historisches Museum Hannover, Inv. Nr. VM 28967

14

3-teiliges Tee-Service, um 1800

versilberter Ton · 15 × 22,2 × 11,8 cm · 10,5 × 16,5 × 10,8 cm
8,3 × 12,8 × 7,7 cm
Historisches Museum Hannover, Inv. Nr. VM 12092, 1-3

Der verbreitete Konsum von Tee mit Zucker veränderte im 18. Jahrhundert die Ernährungsgewohnheiten der britischen Bevölkerung. Über die East India Company wurden Tee und Zucker massenhaft und kostengünstig importiert. Über Hamburg gelangten sie auch nach Hannover. Hier war Tee allerdings ein Luxusgut der wohlhabenden Schichten.

11

13

12

14

15

16 | 17

18

19

20

15

Taschenuhr, um 1800

Uhrmacherzeichen: »In Ellicott/London«
Silber, 2,5 × 4,9 × 6,5 cm
Historisches Museum Hannover, Inv. Nr. VM 15814

16

Taschenuhr mit römischen Stunden- und arabischen Minutenzahlen, um 1800

Stundenzeiger fehlt
Uhrmacherzeichen: »Garom London«
Silber · 2,9 × 5,4 × 6,5 cm
Historisches Museum Hannover, Inv. Nr. VM 29029

17

Taschenuhr mit römischen Stundenzahlen und Kapsel Ende 18. Jahrhundert

Uhrmacherzeichen: »J. Tarts London«
Silber · 2,5 × 4,8 × 3,7 cm
Historisches Museum Hannover, Inv. Nr. VM 27248

18

Taschenfernrohr, um 1800

Instrumentenmacher: »Rampsdon London«
Messing · L. 47,5 cm (teilw. ausgezogen) · Dm. 5,7 cm
Historisches Museum Hannover, Inv. Nr. VM 742

19

Taschenfederwaage, 18. Jahrhundert

Aufschrift: »Salter's Pocket Balance«, »Sylvester's Patent«
Messing · 3 × 4,2 × 18 cm
Historisches Museum Hannover, Inv. Nr. VM 27728

20

Münzwaage, 1820 – 1850

Holz, Messing, 32 × 29,4 × ca. 32 cm
Historisches Museum Hannover, Inv. Nr. VM 38978

21

Jägerbüchse M 1815 mit Feuersteinschloss, Anfang 19. Jahrhundert

Rohr später erneuert, Gravur: »Tower GR« (=Georg Rex/König Georg) unter der englischen Krone, Gewehr für Hilfstruppen in britischen Diensten
Eisen, Messing, Holz · 6 × 116,2 × 18 cm
Historisches Museum Hannover, Inv. Nr. VM 3218

Durch die engen militärischen Verbindungen kamen zahlreiche Waffen und Uniformteile aus britischen Werkstätten nach Hannover.

21

22

Kürassierpistole, nach 1803

Gravur am Schloss: »Tower GR« (= Georg Rex/ König Georg) unter der englischen Krone
Holz, Messing · 13 × 39 × 5,4 cm
Historisches Museum Hannover, Inv. Nr. VM 356

22

23

»Vollständiges Deutsch-Englisches Taschenwörterbuch«, 1806

mit diversen handschriftlichen Eintragungen aus den Jahren 1811 bis 1823
Reverend William Render
Buchdruck · 14,4 × 25,8 × 4,9 cm
Historisches Museum Hannover, Inv. Nr. VM 64831

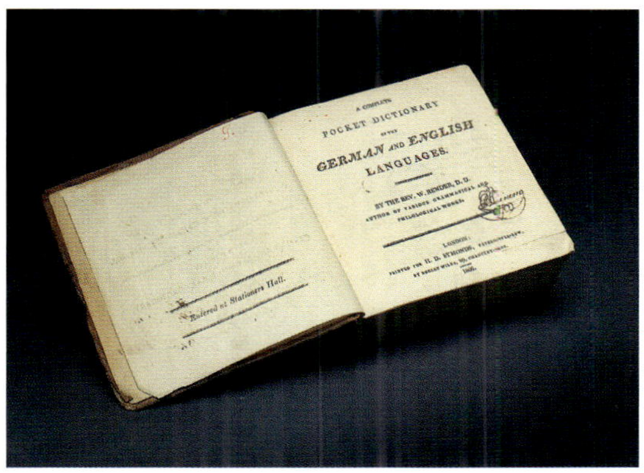

23

23

24

Kaskett, 1803 – 1816

Herstellerbezeichnung: »Hawks, Moselly & Co./ 24 Picadilly/London«
Filz, Leder, Messing · 38 × 20 × 24 cm
Historisches Museum Hannover, Inv. Nr. VM 15996

Die Kopfbedeckung wurde von einem Soldaten eines Linien-Bataillons der King's German Legion getragen. Die Legion kämpfte unter britischem Oberbefehl gegen die napoleonischen Truppen.

24

25

25

Ehrendiplom für Ernst Graf von Münster der »Royal Jennerian Society 1803«, 1820

Kupferstich · 54,8 × 38,5 cm
Historisches Museum Hannover, Inv. Nr. VM 35364

Der Brite Edward Jenner entwickelte eine Schutzimpfung gegen Pocken und gründete die nach ihm benannte Wissenschaftsgesellschaft. Der leitende Staatsminister Münster führte die Pockenimpfung im Königreich Hannover ein und erhielt dafür das Ehrendiplom.

26

26

Blick aus dem Bereich Küchengarten auf die Glocksee mit der Gasanstalt, um 1830

Friedrich August Schmidt
Lithografie · 13,7 × 22,7 cm
Historisches Museum Hannover, o. Inv. Nr.

Die britische »Imperial Continental Gas Association« betrieb ab 1826 mit einem neu errichteten Gaswerk in der Glocksee die Beleuchtung der Innenstadt. Hannover hatte damit als erste Stadt auf dem Kontinent eine moderne Straßenbeleuchtung.

27

27

»Die Schnapshaus-Politiker«, Umriss-Radierung aus dem Kriegskalender, 1809

Johann Heinrich Ramberg
Radierung · 2,7 × 24,7 cm
Historisches Museum Hannover, Inv. Nr. VM 45745

Der in London ausgebildete hannoversche Hofmaler Ramberg fertigte zahlreiche Karikaturen zum Gesellschaftsleben in Großbritannien und Deutschland. Die Karikatur entwickelte sich im späten 18. und 19. Jahrhundert zum zentralen Medium der Gesellschaftskritik auf der Insel. Ramberg griff Anregungen berühmter Künstler wie Hogarth, Gillray und Rowlandson auf.

Fernbeziehung

28

Schreibgarnitur, vor 1849

Anton Georg Eberhard Bahlsen, Hannover
vergoldetes Silber · geschliffenes Glas · 15 × 25,3 × 9,1 cm
Historisches Museum Hannover, Inv. Nr. VM 32321 a – f

Die Schale umfasst eine Tischglocke und zwei Behälter für Tinte und Streusand. Sie ist in Form eines Bootes gestaltet und mit Halterungen für Schreibfedern ausgestattet. Die Glocke zeigt das hannoversch-britische Wappen von einem der Söhne Georgs III., Prinz Ernst August (1771 – 1851), Herzog von Cumberland. Die Initiale »G« verweist auf dessen Sohn Georg.

28

29

Schreibgarnitur, um 1830

Manufaktur: Schiller & Gerbing, Böhmen
lackierter Ton (Terralit) · 10,5 × 13,5 × 10,3 cm
Historisches Museum Hannover, Inv. Nr. VM 29484 a – c

Die Schreibgarnitur imitiert die berühmte Wedgwood-Keramik. Der Engländer Josiah Wedgwood entwickelte ab 1769 porzellanähnliche Stoffe und erschloss neue Absatzmärkte. Die Formen und Dekore seiner Produkte wurden europaweit nachgeahmt. Die aufgesetzten Reliefs entsprechen der damaligen Begeisterung für die chinesische Kultur.

29

30

Schreibkasten, um 1810

intarsiertes Birnenholz, Mahagoni · 33,7 × 24,3 × 33,5 cm
Historisches Museum Hannover, Inv. Nr. VM 25288 a

In dem verschließbaren Kasten wurden auf Reisen wichtige Briefe und Dokumente aufbewahrt. Er stammt vermutlich aus dem Besitz von Graf Ernst Friedrich Herbert von Münster. Der Minister leitete die Deutsche Kanzlei in London und stand in ständigem Schriftwechsel mit den Geheimen Räten des Kurfürstentums Hannover.

30

31

THE QUEEN RETURNING FROM THE HOUSE OF LORDS.
Proof Impression

33

Ehepflichten

31

»The marriage of George, Prince of Wales«, 1795

Henry Singleton
Öl auf Leinwand · 48,4 × 60,7 cm
The Royal Collection, Inv. Nr. RCIN 405845/
HM The Queen

32

»The Royal Highnessess The Prince and Princess of Wales«, 1797

Michel Sloane
Radierung · 44 × 30,4 cm
Historisches Museum Hannover, Inv. Nr. VM 29392

Der Schein der innigen Verbundenheit zwischen den Eheleuten, dem Prinzregenten Georg und seiner Gemahlin Caroline von Braunschweig-Wolfenbüttel, trügt. Zum Zeitpunkt der Entstehung der Radierung lebte das Paar bereits in getrennten Haushalten. Georg verheimlichte seiner Ehefrau seine Affären mit einer ihrer Hofdamen sowie mit der Schauspielerin Maria Fritzherbert nicht. Letztere kostete ihn beinahe die Thronfolge.

33

»The Queen returning from the House of Lords«, 1821

Matthew Dubourg
kolorierter Aquatintastich · 35 × 42,3 cm
Historisches Museum Hannover, Inv. Nr. VM 33698

Prinzregent Georg strebte 1806 und 1820 erfolglos die Scheidung von seiner Frau Caroline an. Der zweite Scheidungsprozess fand im House of Lords statt. Das House of Lords ist das Oberhaus des britischen Parlaments. Es besaß zu Beginn des 19. Jahrhunderts noch mehr Macht als das aus wohlhabenden Bürgern zusammengesetzte Unterhaus. Das Oberhaus bildeten Adelige und geistliche Lords. Es diente auch als Gericht. Georg wollte die Ehe mit Caroline unter Berufung auf deren lasterhaften Lebensstil annullieren lassen. Während des von der Öffentlichkeit aufmerksam verfolgten Prozesses fand Caroline in der britischen Bevölkerung mehr Zustimmung als ihr Ehemann, der Thronfolger. Der Stich zeigt sie in einem sechsspännigen Wagen nach dem Scheidungsprozess. Eine Menschenmenge jubelt ihr zu.

32

34

34

Caroline Amalie Elisabeth von Braunschweig-Wolfenbüttel, 1820

George Hayter
Öl auf Leinwand · 34,9 × 29,2 cm
National Portrait Gallery, London, Inv. Nr. NPG/4940

Gesichter Georgs

36

36

»Georg von Wallis/ Kron Prinz von England«, um 1780

Johann Balzer nach einem Gemälde von
Thomas Gainsborogh
Kupferstich · 28 × 22 cm
Historisches Museum Hannover, Inv. Nr. VM 37906

37

»Georg Prinz von Wallis und Regent von England« zwischen 1811 und 1820

nach einem Gemälde von John Hoppner
Lithografie · 41,7 × 28,4 cm
Historisches Museum Hannover, Inv. Nr. VM 37902

38

»His Most Excellent Majesty, Georg IV.«, 1821

T. Wright and Benjamin Davies nach einem Gemälde
von John Augustus Atkinson
Kupferstich · 30,5 × 23,3 cm
Historisches Museum Hannover, Inv. Nr. VM 27467

37

38

39

39

»His Most Gracious Majesty King George The Forth«, nach 1821

James Minasi nach einem Gemälde von Thomas Lawrence
Lithografie · 45,1 × 32,4 cm
Niedersächsisches Landesmuseum Hannover
Inv. Nr. L 1667

39

Prinzregent Georg, um 1820

Paul Fischer
Gouache auf Elfenbein
Etui: Leder, Textil · ca. 14 × 6 × ca. 5 cm
Niedersächsisches Landesmuseum Hannover
Inv. Nr. L 1345

Paul Fischer, Sohn eines hannoverschen Kupferstechers, war Schüler des Hofmalers Johann Heinrich Ramberg. 1810 floh Fischer von Hannover nach London, um der Rekrutierung für die napoleonischen Truppen zu entgehen. In London wurde er durch seine Miniaturmalerei und Porträts bekannt.

39

40

Prinzregent Georg, 1817

Henry Bone
nach einem Gemälde von Thomas Lawrence
Email · 3,5 × 4,2 cm
Historisches Museum Hannover, Inv. Nr. VM 57709

40

41

Schnupftabakdose mit dem Profilrelief des Prinzregenten Georg, 1811

Herstellerbezeichnung: »Rundell Bridge et Rundell Barber«
Horn, Gold, Glas · H. 2,5 cm · Dm. 8,2 cm
Historisches Museum Hannover, Inv. Nr. VM 30461

Die Umschrift lautet: »Georgius Princeps Walliae patriam pro patre regens 1811«. (Georg Prinz von Wales Regent des Vaterlands für seinen Vater 1811). Die Schnupftabakdose stammt aus dem Besitz des Generals Carl von Alten.

41

42

42

Phaeton des Prinzen Eduard, Herzog von Kent, nach 1783

London
bemaltes Holz, Eisen, Stahl, Silber, Leder, Textil, Glas
252 × 485 × 189 cm
S. K. H. Erbprinz Ernst August von Hannover, Herzog zu Braunschweig und Lüneburg
Niedersächsisches Landesmuseum Hannover
Inv. Nr. L 742

Die hohe Sitzbank des stark gefederten »High-Perch«-Phaetons war über klappbare Trittstufen zu erreichen. Die Wagenlampen mit gläsernen Reflektoren und die mit Silber beschlagenen Gepäckkästen gehörten zur Luxusausstattung. Sie entsprachen dem kostspieligen Lebensstil seines Besitzers, Prinz Eduard August (1767 – 1820). Der vierte Sohn Georgs III. wurde 1783 in den irischen St.-Patricks-Orden berufen. Der Sitzkasten ist mit dem Ordensstern und dreiblättrigen Kleeblättern – dem Nationalsymbol Irlands – bemalt.

43

43

Phaeton des Prinzen von Wales 1793

George Stubbs
Öl auf Leinwand · 102 × 128,1 cm
The Royal Collection, Inv. Nr. RCIN 400994/
HM The Queen

Der Prinz von Wales beauftragte ein Gemälde seines Phaetons. Es zeigt einen jungen Prinzen als modischen Sportsmann beim Anspannen des Wagens. Nur die silbernen Wappen auf den Scheuklappen der Pferde verraten seine königliche Herkunft. Georg ließ in der Szene auch seinen Spitz verewigen. Der Tiermaler George Stubbs (1724 – 1806) war für sein hervorragendes anatomisches Wissen bekannt und porträtierte einige Pferde und Hunde des Thronfolgers.

Fremdherrschaft

44

»Marsch der Franzosen nach der Hauptstadt Hannover, d. 5. Jun. 1803«, 1803

Kupferstich, 33 × 19,8 cm
Historisches Museum Hannover, Inv. Nr. VM 48320

Die Eroberungskriege der französischen Armee unter Napoleon Bonaparte führten seit 1801 zur Besetzung des Kurfürstentums Hannover durch Truppen aus Preußen, Russland und Frankreich. 1803 übernahmen Franzosen unter der Führung von General Édouard Adolfe Mortier die Kontrolle über das Land.

44

45

Siegelstempel für neu gebildete Départements und Distrikte im »Königreich Westphalen«, 1807 – 1813

Holz, Messing · bis zu 11,2 × 4,4 × 4,4 cm
Symbol: Napoleonischer Adler
Historisches Museum Hannover, Inv. Nr. VM 12148/
VM 39295/VM 39297/VM 110,10/VM 39296

Leitende Fachleute aus dem aufgelösten Kurfürstentum und der Stadt Hannover übernahmen in der Verwaltung des Königreichs Westphalen zentrale Aufgaben.

45

46

Büste Jérôme Bonaparte, um 1810

Beschriftung des Sockels: »Jerôme Napoleon/ premier/Roy de Westphalie«
Porzellanmanufaktur Fürstenberg nach einer Skulptur von Karl Schwarzkopf
Biskuitporzellan · 35,9 × 13,5 × 13,5 cm
Historisches Museum Hannover, Inv. Nr. VM 12632 a – b

46

47

Büste des französischen Kaisers Napoleon Bonaparte, 19. Jahrhundert

mit dem 1802 gestifteten Stern der französischen Ehrenlegion, auf dem Sockel die Kaiserkrone und das Symbol Napoleons »N«
Marmor, teilweise vergoldetes Email · 31,8 × 18,3 × 12,8 cm
Historisches Museum Hannover, Inv. Nr. VM 25561

47

49

48 (ohne Abb.)

Uniformrock eines Stabsoffiziers
zwischen 1803 und 1812

Wolltuch, Goldfaden, vergoldetes Messing
110 × ca. 90 cm
Historisches Museum Hannover, Inv. Nr. VM 10801 a

Die Offiziere der Linienbataillone und des 1. Dragonerregiments trugen rote Röcke mit Kragen und Aufschlägen aus blauem Tuch und goldenen Litzen. Sie statteten sich regelmäßig mit neuen Uniformen aus und besaßen mehrere Garnituren. Uniformröcke mit langen Schößen wurden nach 1812 durch das kürzere Kollett ersetzt. Die Epauletten auf den Schultern gehörten zur Paradeuniform.

49

Zivil-Uniform aus der Zeit des Königreichs Westphalen
1807 – 1813

Wolltuch mit Seidenstickerei und Seidenfutter
108 × ca. 90 cm
Historisches Museum Hannover, Inv. Nr. VM 10476

Der Herrenrock ist in der Tradition des in der Zeit des Rokoko beliebten, eng anliegenden Justeaucorps geschnitten. Die Farbigkeit des Uniformrocks ist zurückhaltend, er weist aber verspielte Schmuckelemente auf.

50

Zweispitz eines Stabsoffiziers
zwischen 1803 und 1812

Wollfilz, Baumwolle, Leder, vergoldetes Messing, Federn
45 × 49,5 × 18 cm
Historisches Museum Hannover, Inv. Nr. VM 10803

Die Offiziere der Linienbataillone trugen den Zweispitz mit weiß-gelbem Federbusch. Die Farben wurden 1821 von König Georg IV. zu den Landesfarben des Königreichs Hannover erklärt.

50

51 (ohne Abb.)

Infanterie-Säbel
zwischen 1803 und 1816

Stahl, vergoldetes Messing, Horn, Seide, Goldfaden;
Scheide und Koppel: Leder, vergoldetes Messing
Säbel: 10,7 × 80,7 × 2,8 cm
Historisches Museum Hannover, Inv. Nr. VM 10804 a – b

Die Legionäre kämpften mit Hieb-, Stich- und Feuerwaffen. Offizierssäbel besaßen am Gefäß (Griff) eine rot-goldene Schlaufe und wurden an der ledernen Schwungkoppel getragen.

52

52

Königsfahne des 4. Linienbataillons, 1806

bestickte und bemalte Seide, Wachstuch
182,5 × 211 cm
Historisches Museum Hannover, Inv. Nr. VM 16991

Fahnen und Standarten dienten auf Feldzügen als Erkennungszeichen und Orientierungshilfe. Jedes der acht Linienbataillone trug zwei Fahnen. Die Königsfahne mit dem Unionskreuz wurde jeweils von der 1. Kompanie geführt. Das Mittelschild ist von Rosen (England), Disteln (Schottland) und Kleeblättern (Irland) umrankt. Nach dem Ende der Legion gelangten einige Fahnen nach Hannover, wo sie bis 1867 in der Garnisonkirche ausgestellt waren.

Abenteuer

53 (ohne Abb.)

Hannöverscher Kriegs-Kalender
1814

Göttingen
Druckschrift · 13,5 × 8 cm
Historisches Museum Hannover, Inv. Nr. VM 13512

Patriotische Liedtexte riefen die Hannoveraner zum Kampf gegen die napoleonische Armee auf.

54

Reisetagebuch des August Friedrich von dem Bussche-Ippenburg (1771 – 1844)
1808

in Leder gebundene Handschrift, kolorierte Federzeichnungen · 11,6 × 19,2 cm
Historisches Museum Hannover, Inv. Nr. VM 21957,19

Der Offizier trat 1803 in die King's German Legion ein. Fünf Jahre später brach sein Husaren-Regiment nach Portugal auf und kämpfte in Südspanien gegen französische Truppen. Nach einer Verwundung beantragte der Major seine Entlassung und kehrte 1813 in das Kurfürstentum Hannover zurück. Seine Erlebnisse und Eindrücke hielt er in Tagebüchern fest.

54

54

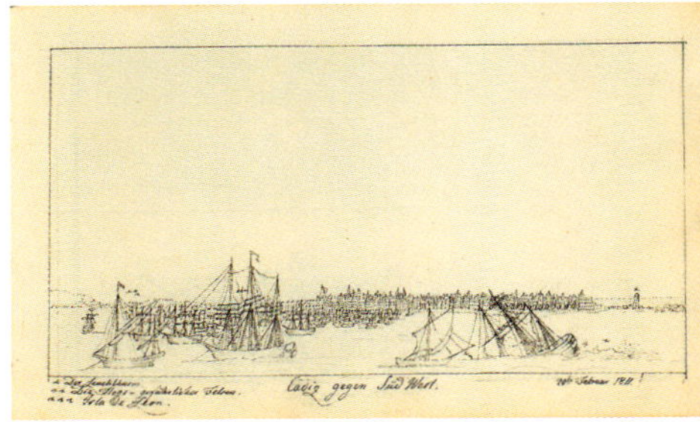

55

55

Merkbuch des Christian Oehlkers
1812 – 1816

in Leder gebundene Handschrift · 18,9 × 13 cm
Historisches Museum Hannover, Inv. Nr. VM 30813

Die englischen und spanischen Vokabeln benennen Zahlen, Tageszeiten und Lebensmittel. Die Ausbildung der Legion – der auch Holländer, Russen und Südeuropäer angehörten – erfolgte nach britischen Exerzierregeln in deutscher Sprache. Kommandos wurden auch in Englisch gegeben.

56

56

Fernrohr, 1811

zum Teil vergoldetes und lackiertes Messing
L. ca. 25 cm · Dm. 5 cm
Historisches Museum Hannover, Inv. Nr. VM 12151

Das Fernrohr aus dem Besitz eines französischen Kommandeurs wurde bei einem Gefecht bei Badajoz im Südwesten Spaniens erbeutet. Es besitzt zwei wechselbare Okulare.

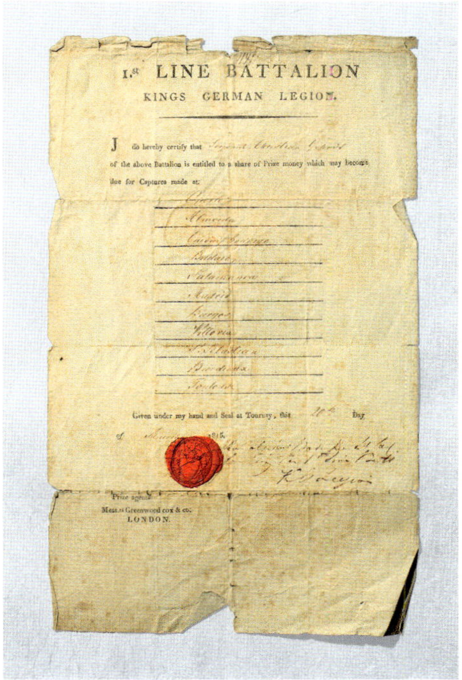

I.st LINE BATTALION
KINGS GERMAN LEGION.

J do hereby certify that
of the above Battalion is entitled to a share of Prize money which may become due for Captures made at

Given under my hand and Seal at Tournay, this Day

Prize agents
Mess.rs Greenwood cox & co.
LONDON.

57

57

Beute-Anteilschein, 1815

Kupferstich mit handschriftlichen Eintragungen
34,2 × 10,2 cm
Historisches Museum Hannover, Inv. Nr. VM 33

Bei Gefechten in Portugal, Spanien und Frankreich erbeuteten die siegreichen Briten Waffen, Munition und Pferde. Die Soldaten erhielten anteilige Preisgelder.

58

58

Bildnis Franz August von Klenck (1798 – 1866), 1814

Johann Heinrich Ramberg
Gouache auf Papier · 38 × 33 cm
Historisches Museum Hannover, Inv. Nr. VM 38876

Der junge Fähnrich ist in der Uniform des Freiwilligen-Husarenregiments »Herzog von Cumberland« dargestellt. Er trat im Alter von 15 Jahren in den Militärdienst ein und setzte nach der Schlacht bei Waterloo seine militärische Laufbahn im Verden- und Hoyaschen Ulanen-Regiment fort.

Krieg und Frieden

59

60

61

59

»The Battle of Salamanca July 22, 1812« (Schlacht bei Salamanca)
1813

George Lewis
nach einem Gemälde von John Augustus Atkinson
Aquatinta · 59 × 72 cm
Historisches Museum Hannover, Inv. Nr. VM 20195

60

»View from Mont St. Jean of the Battle of Waterloo« (Blick vom Berg St. Jean auf die Schlacht bei Waterloo), 1816

Thomas Hartwell Horne
Aquatinta · 31,7 × 56,4 cm
Historisches Museum Hannover, Inv. Nr. VM 11535

61

»The Battle of Waterloo« (Schlacht bei Waterloo), 1819

John William Cook nach Alexander Sauerweid
Kupferstich · 65 × 93 cm
Historisches Museum Hannover, Inv. Nr. VM 20996 a

62 (ohne Abb.)

»Das Treffen an der Göhrde 16. September 1813«
Ende 19. Jahrhundert

nach Carl Röchling
Heliogravüre · 73,4 × 94,5 cm
Historisches Museum Hannover, Inv. Nr. VM 8102

63

»Ich will nichts prophezeihen aber …«
1809

Johann Heinrich Ramberg
Radierung · 12,5 × 8,2 cm
Historisches Museum Hannover, Inv. Nr. VM 39895

Die Szene schildert mit satirischem Blick das Schicksal der Kriegsheimkehrer. Ein Veteran schaut auf das Entlassungsschreiben vor ihm auf dem Boden. Er hat den Verlust seines Beines und seines Broterwerbs zu beklagen.

63

65

64 (ohne Abb.)

Feldapotheke, um 1800

Lederimitat, Textil, Glas, Kork, Papier
9,5 × 14 × 3,7 cm (geschlossen)
Historisches Museum Hannover, Inv. Nr. VM 21215

Persönliche Feldapotheken enthielten oft fiebersenkendes Chinin, desinfizierenden Äther und blutstillendes Wundpulver. »Englisches Salz« half gegen Magenverstimmung und Schwindelanfälle. Zusätzlich versorgten Medizinwagen die Truppen mit Arzneien und Verbandsmaterial.

65

Feldapotheke, 2. Hälfte 18. Jahrhundert

Eichenholz, Eisen, Glas, Zinn, Papier
17 × 18 × 17,5 cm (geschlossen)
Historisches Museum Hannover, Inv. Nr. VM 19978

Die Apotheke gehörte Heinrich Karl Ludwig von Wurmb, Leutnant der kurhannoverschen Armee. In der Schublade sind Notizen über die Stationen seiner französischen Gefangenschaft 1794/95 aufbewahrt. Nach seinem Tod ging der Arzneikasten an den Bruder Ernst Christian über. Dieser kämpfte in der King's German Legion bei Waterloo und wurde bei der Verteidigung des Gehöfts La Haye Saintedurch einen Kopfschuss getötet.

66 (ohne Abb.)

Brief des Hauptmanns Heinrich Wiegmann an seine Frau, 1813

Handschrift · 24,3 × 19,8 cm
Historisches Museum Hannover, Inv. Nr. VM15906

67

Totenschein, 1817

Kupferstich mit handschriftlichen Eintragungen
31,8 × 21,3 cm
Historisches Museum Hannover, Inv. Nr. VM 88 a

5 363 Soldaten der britischen Streitkräfte fielen der Schlacht bei Talavera im Juli 1809 zum Opfer. Ihre Namen wurden in Verlustlisten erfasst. Die amtliche Bestätigung des Todes erfolgte oft erst Jahre später. Totenscheine für gefallene Soldaten ergänzten seit dem Ende des 18. Jahrhunderts den Eintrag in das Sterberegister.

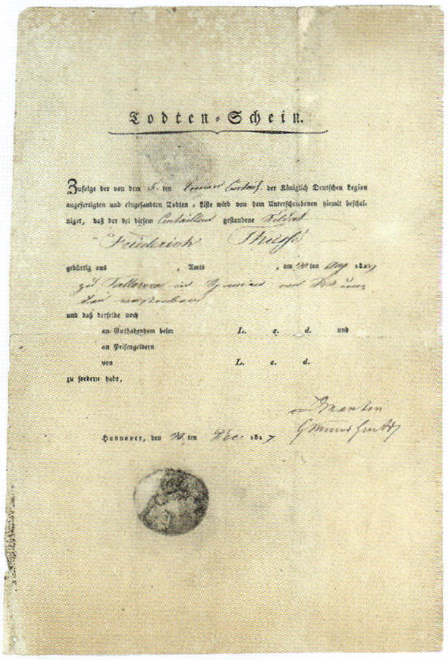

Todten-Schein.

Zufolge der von dem 5. ten [illegible] der Königlich Deutschen Legion angefertigten und eingesandten Todten-Liste wird von dem Unterschriebenen hiemit bescheinigt, daß der bei diesem [illegible] gestandene [illegible]

Friedrich [illegible]

gebürtig aus , Amts , am [illegible] ten [illegible] 1809 [illegible]

und daß derselbe noch

an Guthabendem beim l. s. d. und

an Prisengeldern

von l. s. d.

zu fordern habe,

Hannover, den [illegible] ten [illegible] 1817 [illegible]

67

68

68

Einzug des Herzogs Adolf Friedrich von Cambridge und des Staatsministers Ernst Graf von Münster in die Residenzstadt Hannover am 19. Dezember 1813, 1813/14

Johann Heinrich Ramberg
Gouache auf Papier · 75 × 94,5 cm
Historisches Museum Hannover, Inv. Nr. VM 32928

Der hannoversche Hofmaler Ramberg stellte die Rückkehr der Repräsentanten des Welfenhauses in »ihre« deutsche Residenzstadt als Triumphzug dar. Menschenmassen säumten den Weg. Männer zogen anstelle der ausgespannten Pferde den Wagen in die Stadt. Für die hannoversche Bevölkerung war die Rückkehr der Welfenherrscher gleichbedeutend mit dem Ende von französischer Besatzung und Krieg. Die massenweise Aushebung junger Männer für den Kriegsdienst, Plünderungen und Beschlagnahmungen, Zwangsabgaben, Steuerlasten und Einquartierungen waren endlich vorbei.

69 (ohne Abb.)

Druckschrift mit dem Aufruf »an die Chur-Braunschweig-Lüneburgischen Unterthanen Seiner Großbritannischen Majestät« »zum heiligen Kampf für Freiheit und Vaterland«, 5. Oktober 1813

herausgegeben von Staatsminister Ernst Graf von Münster, London
Druckschrift · 23 × 36,7 cm
Historisches Museum Hannover, Inv. Nr. VM 9953,16

Die Schrift entstand wenige Tage vor dem entscheidenden Sieg der Koalition gegen das napoleonische Frankreich in der »Völkerschlacht« bei Leipzig vom 16. bis 19. Oktober 1813. Sie endet mit den Worten: »Bedenkt, daß jetzt zwischen dieser [väterlichen Regierung] und Frankreichs Sclaven-Kette, daß zwischen Ehre und Schmach gewählt werden muß.«

70

Haubenschachtel, 1815

mit der Aufschrift »Den Würger hat der Spiess getroffen, nun können wir den Frieden hoffen, Anno 1815, 26. Juni«
bemaltes Holz · 34,8 × 29,9 × 22,5 cm
Historisches Museum Hannover, Inv. Nr. VM 500

Das Bildmotiv des reitenden Boten und die Datierung beziehen sich auf die Niederlagen der napoleonischen Truppen in den Schlachten bei Belle Alliance und Waterloo.

71

Aktentasche, 1815

Firmenzeichen im Innendeckel mit der Aufschrift: »Prestat Lainé Fecit/Place Notre-Dame, Paris«
geprägtes Leder mit Golddruck
39,5 × 60,8 × 13,5 cm
Historisches Museum Hannover, Inv. Nr. VM 11011

Die Mappe soll aus dem Besitz Napoleon Bonapartes stammen und von hannoverschen Soldaten bei Waterloo erbeutet worden sein.

70

71

73

72 (ohne Abb.)

Denkmal des Generals Carl von Alten, um 1850

Lithografie · 48,7 × 42,2 cm

Historisches Museum Hannover, Inv. Nr. VM 27793

Das Bronzestandbild vor dem Königlichen Archiv am Waterlooplatz wurde 1847 am Jahrestag der Schlacht bei Waterloo eingeweiht.

73

General Carl von Alten auf dem Schlachtfeld von Waterloo nach 1820

Christian Friedrich Hornemann nach Joseph Paelinck
Schabkunstblatt · 84 × 70 cm
Historisches Museum Hannover, Inv. Nr. VM 13437

Carl von Alten (1764 – 1840) stieg in der King's German Legion zum Generalleutnant auf. In der Schlacht von Waterloo kommandierte er hannoversche Truppen. Der Befehlshaber erhielt zahlreiche Orden, den Grafentitel und 1832 das Amt des Kriegsministers.

76

74 (ohne Abb.)

Stern zum Militär-Großkreuz des Guelphen-Ordens, 1815

zum Teil vergoldetes Silber, Email · 8,3 × 8,1 × 1 cm
Historisches Museum Hannover, Inv. Nr. VM 1616

Unter dem Motto »Widrigkeiten schrecken nicht« stiftete Prinzregent Georg an seinem 53. Geburtstag den Guelphen-Orden für militärische und zivile Verdienste. Er war mit einem Aufstieg in den Adel verbunden.

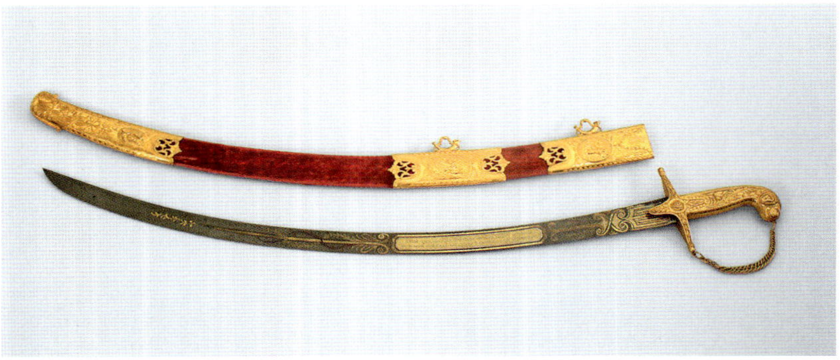

75

75

Ehrensäbel, 1814

Rundell & Bridge, London
Stahl, Gold, Silber, vergoldetes Messing · Scheide: Holz, Samt, vergoldetes Messing · Koppel: Samt, Goldfaden, vergoldetes Messing · Säbel: L. 87,5 cm
Scheide: ca. 80 × 8 × 4,5 cm
Historisches Museum Hannover
Inv. Nr. VM 1626/VM 16698

Carl von Alten führte in den Kämpfen in Spanien und Südfrankreich britische Truppen. Als Anerkennung für sein siegreiches Kommando überreichten ihm die Offiziere einen Ehrensäbel. Die Beschläge der Scheide zeigen Szenen des Kampfes und Triumphes.

76

Britische und Hannoversche Waterloo-Medaillen, 1816 – 1866

William Wyon, Thomas Wyon jun., London
Silber · 11,5 × 4,4 × 0,5 cm
Historisches Museum Hannover, Inv. Nr. VM 27408

Die Waterloo-Medaille wurde allen bei Waterloo kämpfenden Hannoveranern und Briten – unabhängig vom Dienstrang – verliehen. Sie zeigt das Bildnis ihres Stifters, des Prinzregenten Georg. Die Auszeichnung musste beantragt werden und wurde auch an Hinterbliebene ausgegeben.

77 (ohne Abb.)

Kommandeur-Kreuz des Ordens der französischen Ehrenlegion, nach 1816

Gold, Email · 10 × 6,8 × 1,3 cm
Historisches Museum Hannover, Inv. Nr. VM 1624

78 (ohne Abb.)

Militär-Großkreuz des Bathordens mit Ordenskette, 1815

Gold, Email · 54 × 45 cm (auf Tableau)
Historisches Museum Hannover, Inv. Nr. VM 1612

Der englische Order of the Bath zeichnete seit dem späten Mittelalter hochrangige Befehlshaber und Beamte aus. Seit 1815 wurden auch Angehörige anderer Nationalitäten als Ehrenmitglieder in den Ritterorden aufgenommen.

79 (ohne Abb.)

Ordensstern zum Militär-Großkreuz des Bathordens, 1815

zum Teil vergoldetes Silber, Email

80 (ohne Abb.)

Angehöriger der Königlich Hannoverschen Armee, 1825

H. C. Graf
Tempera auf Papier · 47 × 40 cm
Historisches Museum Hannover, Inv. Nr. VM 32151

Der Garde-Grenadier trägt die Guelphen-Ordens-Medaille für unbekannte niedere Dienstgrade. Die britische Waterloo-Medaille weist ihn als ehemaliges Mitglied der King's German Legion aus. Nicht nur große Feldherren ließen sich in Bildnissen verewigen. Auch weniger vermögende, einfache Soldaten verwiesen auf diese Weise stolz auf ihren Anteil am Sieg über die Franzosen. Die Malkunst des Künstlers dieses Porträts war allerdings begrenzt.

81

Blumen von den Schlachtfeldern bei Waterloo, 1823

Glas, Blumen, Papier, Kork, Textil · 31 × 3 cm
Historisches Museum Hannover, Inv. Nr. VM 31322

Auf ihrer Reise von London nach Hannover besichtigte Louise Benne die Schlachtfelder bei Waterloo. In der Flasche bewahrte sie auch Papiere von Süßigkeiten aus dem Gasthof von Belle Alliance auf – jenem historischen Ort, an dem die verbündeten Oberbefehlshaber Wellington und Blücher nach ihrem Sieg aufeinandergetroffen waren.

81

82

Carl Julius Blumenhagen (1789 – 1870), nach 1832

Öl auf Leinwand · 48,3 × 38,7 cm
Historisches Museum Hannover, Inv. Nr. VM 30343

Der Jurastudent trat 1813 als Freiwilliger dem Grubenhagenschen Jägerbataillon bei. Nach den Befreiungskriegen setzte er seine Karriere im zivilen Staatsdienst fort. Der Amtsassessor trägt das Ritterkreuz des Guelphen-Ordens. Das blau-rote Band der Waterloo-Medaille wurde dem Porträt fälschlicherweise nachträglich hinzugefügt.

82

Staatswagen

83

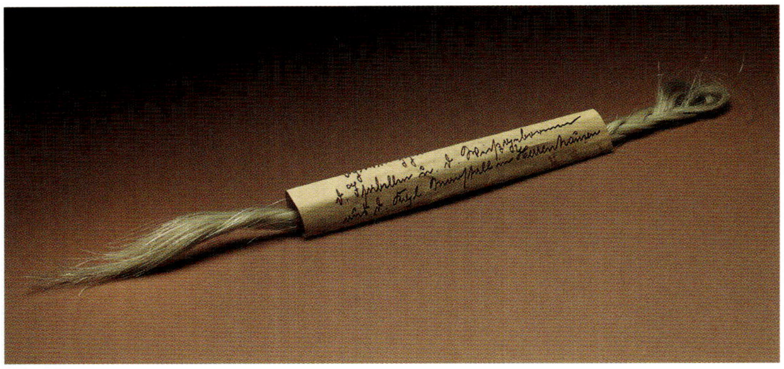

85

83

Staatswagen von Georg, Prinz von Wales (»Nr. 1«), 1783 und 1787 – 1795

Entwurf: John Linnell zugeschrieben/Bau: John Wright, Lionel Lukin, William Leader, London
vergoldetes und bemaltes Holz, Eisen, Stahl, bemaltes Kupfer, vergoldetes Messing, Glas, Leder, Samt, Seide
420 × 518 × 183 cm
Leihgabe S. K. H. Erbprinz Ernst August von Hannover, Herzog zu Braunschweig und Lüneburg, Inv. Nr. L 731

Das Fahrgestell und die Form des Wagenkastens entsprachen zum Zeitpunkt der Entstehung des herrschaftlichen Wagens modernster Konstruktionstechnik. Bereits wenige Jahre nach seiner Fertigstellung fanden aufwendige Umbauarbeiten statt, die vor allem die Gestaltung betrafen: Neue Schnitzarbeiten und Malereien wurden im Stil des Klassizismus ausgeführt. Sie dienten der Selbstdarstellung eines mächtigen britischen Weltreichs.

84 (ohne Abb.)

Gala-Geschirr mit Sattel 1792, erneuert und ergänzt 1844

Leder, vergoldetes Messing, Samt, Eisen, Rumpf: 175 × 74 × 85 cm · Kopf: 60 × 30 × 30 cm
Leihgabe S. K. H. Erbprinz Ernst August von Hannover, Herzog zu Braunschweig und Lüneburg, Inv. Nr. L 733

Acht weiße Pferde zogen den Staatswagen König Georgs IV. Auf dem vordersten linken Pferd des Zuges ritt ein Postillion. Die Weißgeborenen wurden in Hannover als Wagen- und Reitpferde für den Hof in London gezüchtet. Auch die hellgelben Isabellen galten als besonders edel. Bis 1921 ließen sich die britischen Könige von den »Hanoverian Royal Creams« ziehen.

85

Schweifhaare eines Pferdes (Isabelle oder Weißgeborener) 2. Hälfte 19. Jahrhundert

37 × 8,5 cm
Historisches Museum Hannover, Inv. Nr. VM 20369

Hannover war bekannt für die Zucht weißgeborener Pferde. Im Unterschied zu Schimmeln kamen sie unpigmentiert auf die Welt und besaßen, anders als Albinos, blaue oder dunkle Augen. Die 1727 im Königlichen Gestüt in Memsen bei Hoya begonnene Zucht war langwierig und anspruchsvoll. Sie wurde ab 1844 in Herrenhausen fortgeführt.

86 (ohne Abb.)

Karte des Königreichs Hannover nach 1815

Gebrüder Hahn, Hannover
kolorierte Lithografie · 57,4 × 68,5 cm
Historisches Museum Hannover, o. Inv. Nr. [VM 35529]

Die Herrscher der siegreichen europäischen Staaten ordneten nach den Napoleonischen Kriegen auf dem Wiener Kongress 1814/15 die Gebietsverteilung Europas neu. Das Königreich Hannover wurde demnach um das Untereichsfeld, die Stadt Goslar, das Bistum Hildesheim, die Niedergrafschaft Lingen, das Fürstentum Ostfriesland, die Grafschaft Bentheim und das Herzogtum Arenberg-Meppen erweitert. Es war damit der viertgrößte Staat innerhalb des Deutschen Bundes.

87

»Ernst Friedrich Herbert Graf von Münster, Staats- und Cabinetts Minister auch Erb-Land Marschall des Königreichs Hannover« (1766 – 1839), 1823

Maxim Gauci
Lithografie · 36,2 × 27,4 cm
Historisches Museum Hannover, Inv. Nr. VM 17788

Für seine erfolgreiche Vertretung der Interessen des Königreichs Hannover auf dem Wiener Kongress 1814/15 erhielt Münster den Titel des Erblandmarschalls und als Geschenk das in der Franzosenzeit verweltlichte Kloster Derneburg.

87

88

88

Staatswagen »Nr. 2«, 1790

Karlsruhe
bemaltes und vergoldetes Holz, Eisen, Stahl, Bronze, vergoldetes Messing, Glas, Leder, Samt, Seide
242 × 460 × 192 cm
Leihgabe S. K. H. Erbprinz Ernst August von Hannover, Herzog zu Braunschweig und Lüneburg, Inv. Nr. L 741

Der in Karlsruhe gefertigte Wagen wurde 1803 von den französischen Besatzern konfisziert und verkauft. 1814 kaufte ihn das Welfenhaus vom Sattlermeister Narten zurück und ließ ihn aufwendig renovieren. Das königliche Wappen, das die Verbindung Großbritanniens und Hannovers in der Personalunion darstellt, wurde 1829 auf den Wagen gemalt.

89 (ohne Abb.)

Adelsdiplom für Johanna Clara Louise Lehzen, 1827

Pergament, 60 × 30 × 3 cm · Siegel: Dm. 9,9 cm
Mappe: 36,3 × 27,1 cm
Historisches Museum Hannover, Inv. Nr. VM 29833

Johanna Lehzen war die Erzieherin Victorias, der Tochter des Prinzen Eduard und seiner Ehefrau Louise-Viktoria von Sachsen-Coburg. Victoria wurde 1837 britische Königin, ihr Onkel Ernst August König in Hannover. Die Urkunde trägt die Unterschriften König Georgs IV. und des Staatsministers Graf Münster.

90

Krönung

91

The banquet at the coronation of George IV. (Das Festmahl zur Krönung König Georgs IV.), 1822

George Jones
Öl auf Leinwand · 109,8 × 90,1 cm
The Royal Collection, Inv. Nr. RCIN 404463/
HM The Queen

Das Gemälde zeigt den Auftritt des »King's Champion«. Es handelte sich dabei um ein aus dem Mittelalter stammendes Ritual, bei dem ein Reiter in voller Rüstung in die Westminster Hall ritt und fragte, ob es jemanden gebe, der Einspruch gegen die Krönung erhebe. Der Ritter würde anstelle des Königs für das Recht auf dessen Krönung kämpfen. Die Ehre, den Ritter zu stellen, war ein Vorrecht der Familie Dymoke. Das Krönungsbankett Georgs IV. war das letzte, bei dem das Ritual abgehalten wurde.

92

Krönungszug Georgs IV., (nach) 1821

kolorierter Kupferstich · Kapsel: Holz, bedrucktes Leder,
Kapsel: H. 10,8 cm · Dm. 6,7 cm · Rolle: 10 × ca. 900 cm
Historisches Museum Hannover, Inv. Nr. VM 20992

Der neun Meter lange Bildstreifen zeigt die Krönungsprozession für König Georg IV. in London. Das Zeremoniell bestand aus vier Teilen. In der Westminster Hall begann die Aufstellung der Teilnehmer an der Prozession zur Westminster Abbey, in der die Krönungsliturgie gelesen wurde. Im Anschluss kehrte der Prozessionszug zur Westminster Hall zurück, um das Krönungsbankett einzunehmen. Den Anfang der Prozession bildeten Blumenmädchen, denen eine Kapelle und Parlamentarier aus dem Oberhaus in vollen Amtsroben folgten. Staatliche Würdenträger hielten Fahnen mit dem Wappen der Welfenfamilie sowie die hannoversche und britische Königsflagge.

90

»Field Marshall His Royal Highness Prince Ernest Augustus Duke of Cumberland and of Tiviotdale, Earl of Armagh«, 1815

William Kenton nach einem Gemälde von William Owen
Kupferstich · 47,7 × 36,8 cm
Historisches Museum Hannover, Inv. Nr. VM 39587

Der in Großbritannien als streng konservativ bekannte Herzog Ernst August ist in Husarenuniform mit dem Ordensbruststern des Hosenbandordens dargestellt. Prinzregent Georg bevorzugte bei der Besetzung der Position des ihn vertretenden Generalgouverneurs im Königreich Hannover seinen jüngeren, umgänglicheren Bruder Adolf Friedrich.

91

92

Klassische Schönheit

93

94

95

93

Sessel, um 1820

nach einem Entwurf von Georg Laves
Buchenholz · 88 × 62 × 66 cm
Historisches Museum Hannover, Inv. Nr. VM 30153

Der Sessel gehörte zu einer Sitzgarnitur für den Marmorsaal des Königlichen (Alten) Palais in der Leinstraße, dem Wohnsitz des Generalgouverneurs Herzog Adolf Friedrich.

94

Stuhl, nach 1822

nach einem Entwurf von Georg Laves
Mahagoniholz · 83 × 42 × 50 cm
Historisches Museum Hannover, Inv. Nr. VM 30737

Der Stuhl stammt aus der Wohnungseinrichtung des Ehepaares Wilhelmine und Georg Laves.

95

Kerzenleuchter im Stil des Klassizismus, vor 1793 und 1820

Gravur: Wappen der Stadt Hannover und »Weinhöber« (= Name des Goldschmieds)
Silber · 24,7 × 9,9 × 9,9 cm
Historisches Museum Hannover
Inv. Nr. VM 18498/VM 18499

96 (ohne Abb.)

Sauciere, um 1800

mit Motiven aus dem antiken Rom: »Ruinen eines Grabmals an der Via Appia«, »Ruine der Therme des Caracalla«, »Blick auf den großen Saal in der Therme des Antonius«
bemaltes Porzellan · 13,4 × 21 × 9 cm
Historisches Museum Hannover, Inv. Nr. VM 24832

97

Frühstücksgeschirr (»Déjeuner«) um 1810

im Stil des napoleonischen Kaiserreichs (Empire) mit Golddekor, der Initiale »N« (= Napoleon Bonaparte) und dem napoleonischen Emblem der Bienen
Porzellanmanufaktur Sèvres, Limoges (Frankreich)
bemaltes Porzellan, insgesamt: ca. 50 × ca. 40 cm
Kanne: H. 28,7 cm · Tablett: Dm. 28,7 cm
Untertasse: Dm. 12,6 cm
Historisches Museum Hannover, Inv. Nr. VM 35180, 1 – 6

98

Entwurf für einen Theatervorhang im königlichen Hoftheater im Leineschloss, 1824

Johann Heinrich Ramberg
Gouache auf Papier · 84 × 108 cm
Historisches Museum Hannover, Inv. Nr. VM 29864

Im Zentrum der antikisierenden Darstellung ist in einem Lorbeerkranz die hannoversche Königskrone platziert. Darunter Herkules, der das von einem Faun aufgeschreckte geflügelte Pferd Pegasus bändigt. Im linken Bildfeld junge Frauen und Musen in Kleidern der antikisierenden Empire-Mode.

99 (ohne Abb.)

Mann in Rom vor antiken Ruinen
1805

Johann Heinrich Ramberg
Aquarell auf Papier · 57 × 49 cm
Historisches Museum Hannover, Inv. Nr. VM 33690

100

Brautkleid, 1812

Tüll, Atlasseide
Historisches Museum Hannover
Inv. Nr. VM 17098 oder VM 6985

Dorothea Böttger trug dieses im Stil des Empire (französisches Kaiserreich zur Zeit Napoleon Bonapartes) geschnittene Chemisenkleid (Hemdkleid) anlässlich ihrer Hochzeit mit dem Polizei-Kommissar Johann Mertens.

101 (ohne Abb.)

Damenschuhe, 1832

Atlasseide · 25 × 8 × 6,5 cm
Historisches Museum Hannover, Inv. Nr. VM 20954 a–b

100

97

98

Der Langersehnte

102

102

Deckelterrine, um 1810

Gravur: »Dieu et mon Droit« und britisch-hannoversches Wappen der Personalunion mit Königskrone, Löwe und Einhorn; Stempel: Stadtwappen Hannovers und »Bunsen«
Goldschmied: Johann Conrad Bunsen
Silber · 18 × 25,7 × 22 cm
Historisches Museum Hannover, Inv. Nr. VM 35979, 1–2

Der aus der Krone des Prinzen von Wales und einem Löwen bestehende Schmuck des Deckels wurde in London gefertigt und, vermutlich in Erwartung eines Besuchs des Prinzregenten, nach 1813 auf der Terrine montiert.

103 (ohne Abb.)

»Erstes Verzeichnis der in der Stadt Hannover und außerhalb der Thore sich aufhaltenden Auswärtigen und Fremden aufgestellt nach den Polizey-Meldungen vom 1. bis 6. Oktober 1821«

Druckerei Schlüter, Hannover
Druck · 20,5 × 12,2 cm
Historisches Museum Hannover, Inv. Nr. VM 32704,1

104 (ohne Abb.)

»Zweytes Verzeichnis der in der Stadt Hannover und außerhalb der Thore sich aufhaltenden Auswärtigen und Fremden aufgestellt nach den Polizey-Meldungen vom 6. bis 8. Oktober 1821«

Druckerei Pockwitz, Hannover
Druck · 18,2 × 10,1 cm
Historisches Museum Hannover, Inv. Nr. VM 32704,2

105 (ohne Abb.)

»Huldigung der Bürger der Alt- und Residenzstadt«, 1821

Kupferstich · 24,5 × 17,2 cm · für König Georg IV
Historisches Museum Hannover, Inv. Nr. VM 40468,1

106

Tischtuch oder Serviette, 1821

mit eingewebtem Schriftzug: »Sr. Majestät Kg. Georg IV. von England und Hannover beglückten mit Höchst Ihrer Gegenwart Hannover am 8. Oktober 1821«
Damast · 120 × 125 cm
Historisches Museum Hannover, Inv. Nr. VM 22338

106

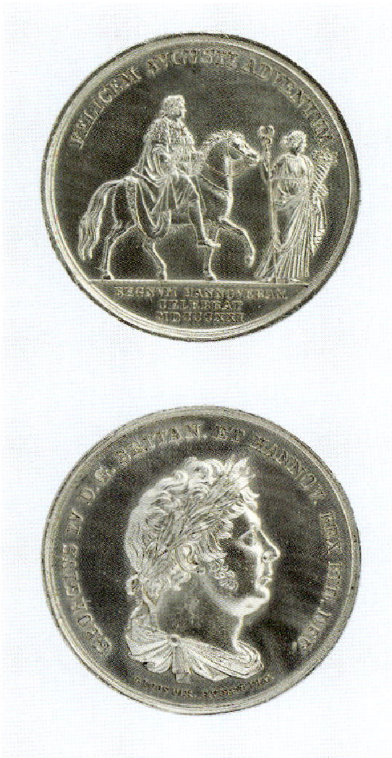

107

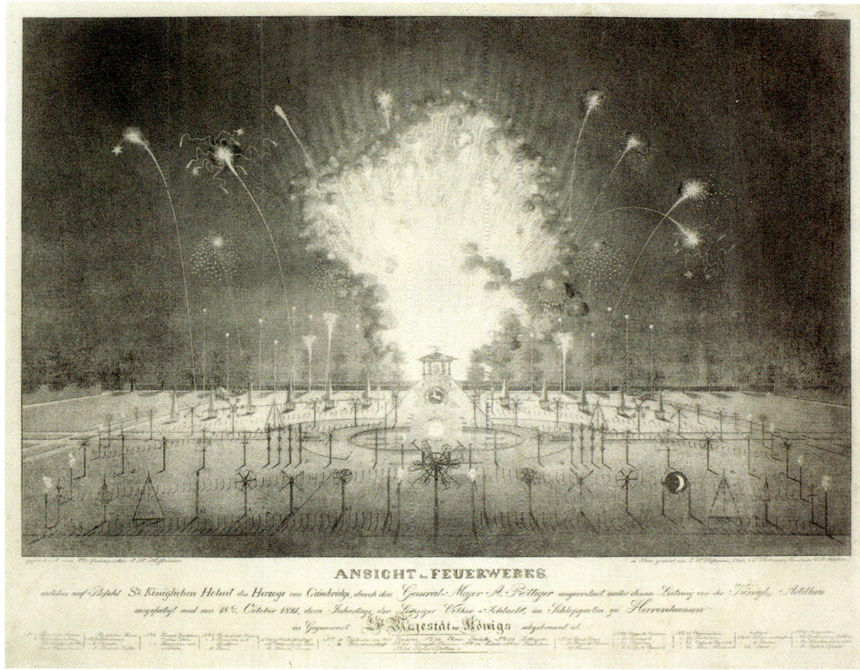

110

107

Medaille aus Anlass des Besuchs König Georgs IV. in Hannover, 1821

Vs: Umschrift »GEORGUS IV. D. G. BRITAN. ET HANNOV. REX FID. DEF.« sowie der Hinweis auf die Werkstatt: »G. LOOSS DIR. S. VOIGT FEC.«; Rs: »FELICEM AUGUSTI ADVENTUM« und »REGNUM HANNOVERAN. CELEBRAT MDCCCXXI«
Silber, Bronze, Zinn · Dm. 4 cm
Historisches Museum Hannover, Inv. Nr. VM 9822

108 (ohne Abb.)

»Authentische und vollständige Beschreibung aller Feyerlichkeiten, welche in dem Hannoverschen Lande bey der Anwesenheit Seiner Königl. Majestät Georgs des Vierten während dem Monate October 1821 veranstaltet worden sind«, 1822

zusammengetragen und herausgegeben von Heinrich Dittmer, Hannover
Buchdruck · 24,6 × 20,7 × 2,9 cm
Historisches Museum Hannover, Inv. Nr. VM 43612

109 (ohne Abb.)

Dose für Schnupftabak, 1821

Geschenk König Georgs IV.
bei seinem Hannover-Besuch 1821
an Jacob Albrecht von Sienen,
Monogramm »GR« (= Georgius Rex)
Gelbgold mit Weiß- und Rotgoldornamenten
sowie Diamanten
Nachlass Otto Christian Gaedechens, Hamburg

Der Empfänger der Tabakdose von Sienen (1768 – 1837) leitete als Syndikus das Finanzwesen der Freien und Hansestadt Hamburg und verfasste Schriften zum Staatswesen.

110

»Ansicht des Feuerwerks« in Herrenhausen anlässlich des Aufenthalts König Georgs IV., 1821

G. H. Hoffmann
Lithografie · 48 × 60,7 cm
Historisches Museum Hannover, Inv. Nr. VM 35917

1821

111

Schloss für eine Halskette, 1821

Gravur Rs: »A. C. A. J. 1821«
Winsener Elbmarsch
Silber, Glasstein · 2,5 × 3,4 × 1,3 cm
Historisches Museum Hannover, Inv. Nr. VM 3388 a – b

111

113

114

112 (ohne Abb.)

Teller, 1821

Zinn · Dm. 24,3 cm
Historisches Museum Hannover, Inv. Nr. VM 1059 b – c

113

Hemdspange, 1821

Gravur: »1828 ESDM«, mit der »8« wurde die bereits davor eingravierte Zahl »1« überschrieben, Grafschaft Schaumburg
Silber · 9,1 × 9,1 × 0,5 cm
Historisches Museum Hannover, Inv. Nr. VM 28446

114

Elle mit althannoverschen Maß-einheiten, 1821

Inschrift: »Caterine Elisabet Ricken Thisau« den 16. Decemb 1821«
Zwetschgenholz · L. 61,7 cm
Historisches Museum Hannover, Inv. Nr. VM 8818

115 (ohne Abb.)

Grenzhäuser Krug, 1821

Steinzeug · H. 15,5 cm · Dm. 9,8 cm
Historisches Museum Hannover, Inv. Nr. VM 5730

116 (ohne Abb.)

Silbermünze »16 Gute Groschen« 1821

Vs: Umschrift »REX GEORGIUS IV. D. G. BRITAN. HANNOV.« und das springende Pferd;
Rs: Umschrift »BRUNSVICENSIA ET LUNEBURGENSIS DUX. 1821« sowie die Wertangabe »16 GUTE GROSCHEN. CONV. MÜNZE FEIN SILBER«
Silber · Dm. 3 cm
Historisches Museum Hannover, Inv. Nr. VM 30360

117

Riechdöschen, 1821

Gravur: »1821 A. P. S.«
zum Teil vergoldetes Silber, Glassteine · 10,2 × 5 × 3,2 cm
Historisches Museum Hannover, Inv. Nr. VM 10300

117

120 (ohne Abb.)

Glückwunschbänder, 1821

bedruckte Seide · 77 × 8,3 cm
Historisches Museum Hannover, Inv. Nr. VM 41634,1

Geschenk der Familie Taberger für Johann Gerhard Helmcke zu dessen Geburtstag am 14. Mai 1821

121 (ohne Abb.)

Musterbuch begonnen am 14. Februar 1821

Pappe, Papier · 19,5 × 16,1 × 1,5 cm
Historisches Museum Hannover, Inv. Nr. VM 3595 a

Der Goldschmiedegeselle Georg Heinrich Lindhorst hielt in dem Buch Beschreibungen und Entwurfsskizzen von Filigranschmuck fest.

119

122

118 (ohne Abb.)

Deckelkrug, 1821

Manufaktur Hannoversch-Münden
Fayence, Zinn · 23 × 17,5 × 14,5 cm
Historisches Museum Hannover, Inv. Nr. VM 2872

119

Haube, 1821

Goldstickerei, Spitzenbesatz · 12 × 21 × 10 cm
Historisches Museum Hannover, Inv. Nr. VM 983

Die Haube wurde von einer Frau im Dorf Linden bei festtäglichen Gottesdiensten getragen.

122

Strumpfbänder, 1821

Stickerei »1821« und Monogramm »FW«
Außenseite Seide, Innenseite Wolle mit Stickerei aus Wollfäden · je 33,5 × 4,5 cm
Historisches Museum Hannover, Inv. Nr. VM 33684,1-2

123

124

Macht der Bilder

123

»His Royal Highness George Prince of Wales, Regent of the United Kingdom«, zwischen 1811 und 1820

William Ward nach einem Gemälde von George Harlow
Schabkunstblatt · 68 × 55,8 cm
Historisches Museum Hannover, Inv. Nr. VM 30314

Obwohl der spätere König Georg IV. in keinem Gefecht kämpfte, wurde er auf diesem Bild hoch zu Ross in Husarenuniform und säbelschwingend dargestellt. Im linken unteren Teil des Bildes ist Prinz Ernst August, der spätere König von Hannover (1771 – 1851), abgebildet.

124

König Georg IV., 1827

Friedrich Winkelmann nach Thomas Lawrence
Öl auf Leinwand · 233 × 162 cm
Historisches Museum Hannover, Inv. Nr. VM 12246

Das Gemälde entstand zur Erinnerung an den Besuch König Georgs IV. in Hannover 1821. Im rechten Hintergrund ist die Marktkirche abgebildet.

Residenz- und Bürgerstadt

125

Ansichtsteller, um 1820

Bildmotiv: Blick in die Leinstraße Richtung Holzmarkt, links das Königliche Schloss, rechts das von dem Generalgouverneur Herzog Adolf Friedrich von Cambridge bewohnte Palais
Porzellan · Dm. 24,5 cm
Historisches Museum Hannover, Inv. Nr. VM 29304

125

126 (ohne Abb.)

Ansichtsteller, 1820

Bildmotiv: Blick auf das Schloss von der Leineseite
Porzellan · Dm. 24,5 cm
Historisches Museum Hannover, Inv. Nr. VM 29305

127

127

Ansichtsteller, um 1820

Bildmotiv: Blick vom Königsworther Platz in die Herrenhäuser Allee
Porzellan · Dm. 24,5 cm
Historisches Museum Hannover, Inv. Nr. VM 29303

128 (ohne Abb.)

Ansichtsteller, um 1820

Bildmotiv: Blick auf Hannover von Südwesten
Porzellan · Dm. 24,5 cm
Historisches Museum Hannover, Inv. Nr. VM 29306

129

129

Kratervase, 1835

Bildmotiv: Blick von Südwesten auf den Waterlooplatz
Porzellan · H. 26,9 cm · Dm. 19,2 cm
Historisches Museum Hannover, Inv. Nr. VM 30266

130 (ohne Abb.)

Ansichtstasse, um 1820

Bildmotiv: Blick auf Hannover von Nordosten
Porzellan · H. 11 cm · Dm. 13 cm
Historisches Museum Hannover, Inv. Nr. VM 31517 a – b

131

131

Ansichtstasse, 1820er-Jahre

Bildmotiv: Schloss Herrenhausen von der Gartenseite
Porzellan · H. 12 cm · Dm. 14,5 cm
Historisches Museum Hannover, Inv. Nr. VM 36234 a – b

132 (ohne Abb.)

Ansichtstasse, um 1840

Bildmotiv: Blick auf Hannover vom westlich gelegenen Gasthaus auf dem Lindener Berg
Porzellan · H. 12,6 cm · Dm. 15,4 cm
Historisches Museum Hannover, Inv. Nr. VM 11460

133

133

Kratervase, um 1830

Bildmotiv: Haus der Familie des Obersteuerrats Ernst Iffland am Schiffgraben 5
Porzellan · H. 20,5 cm · Dm. 14 cm
Historisches Museum Hannover, Inv. Nr. VM 56083

134

134

Teedose, um 1830

Bildmotiv: Neustädter Markt mit dem Britischen Hotel und der St. Johanniskirche
Porzellan · H. 16 cm · Dm. 9,6 cm
Historisches Museum Hannover, Inv. Nr. VM 40475

135

Coupé von Georg, Prinz von Wales
um 1790

London
bemaltes und vergoldetes Holz, Eisen, Stahl, Silber, vergoldetes Messing, vergoldetes Kupfer, Glas, Leder, Samt, Atlasseide · 251 × 500 × 183 cm
Leihgabe S. K. H. Erbprinz Ernst August von Hannover, Herzog zu Braunschweig und Lüneburg, Inv. Nr. L 732

Das Coupé diente Adolf Friedrich in Hannover als Staatswagen. Der Kasten ist vorn »abgeschnitten« (frz. coupé). Er hängt an C-förmigen Federn, die ab 1770 eine technische Neuheit darstellten. Die vergoldeten Schnitzereien zeigen Herrschaftszeichen der britischen Monarchie und Motive der antiken Mythologie. Drei Straußenfedern – gemalt auf den Wagenkasten und geschnitzt unterhalb des Kutschbockes – benennen den Auftraggeber des Wagens, den Prinzen von Wales.

135

136

Adolf Friedrich, Herzog von Cambridge (1774 – 1850)
um 1830

Öl auf Leinwand, 249,4 × 166,3 cm
Historisches Museum Hannover, Inv. Nr. VM 12249

Als Generalgouverneur von Hannover leitete Adolf Friedrich das Kabinett der Minister und führte den Oberbefehl über die Königlich Hannoversche Armee. Sein Bruder, der britische König Wilhelm IV., ernannte ihn 1831 zum Vizekönig. Das Porträt zeigt ihn vor dem 1827 erbauten Schützenhaus. Adolf Friedrich nahm regen Anteil am kulturellen Leben der Stadt. Als Schirmherr unterstützte er zum Beispiel den 1832 gegründeten Kunstverein.

136

Stadtprominenz

137

Georg Ludwig Friedrich Laves (1788–1864), um 1830

Öl auf Leinwand · 41 × 36,6 cm
Historisches Museum Hannover, Inv. Nr. VM 43698

Der in Uslar geborene Laves prägte als Hofbaumeister von 1814 bis in die 1850er-Jahre die städtebauliche Entwicklung Hannovers.

137

138

Johann Gerhard Helmcke (1750–1824), um 1810

Melchior Tielemann
Öl auf Leinwand · 88 × 73,5 cm
Historisches Museum Hannover, Inv. Nr. VM 22604

Der Bäckermeister und Getreidehändler Helmcke gab sich durch die Farben seiner Kleidung als Freund der in der französischen Revolution erkämpften Werte zu erkennen. Die Farben der Trikolore waren von den Farben der Stadt Paris (blau und rot) und von denen des Adelsgeschlechts der regierenden Bourbonen (weiß) abgeleitet.

138

139

Johann Egestorff (1772–1834) um 1830

Burkhard Giesewell
Öl auf Leinwand · 90,6 × 77,2 cm
Historisches Museum Hannover, Inv. Nr. VM 24240

Der Bauernsohn Egestorff legte ab 1802 den Grundstein für einen gewinnträchtigen Unternehmensverbund. Er profitierte von der freizügigen Gewerbepolitik in der französischen Besatzungszeit.

139

140

Charlotte Kestner (1753–1828) um 1825

Kopie von Christian Ahrbeck nach einem Gemälde von Johann Hansen
Öl auf Leinwand · 119,5 × 94 cm
Historisches Museum Hannover, Inv. Nr. VM 30140

Die als eine der Hauptpersonen des Goethe'schen Briefromans *Die Leiden des jungen Werther* berühmt gewordene Charlotte Buff, die nach ihrer Heirat mit dem hannoverschen Beamten den Namen Kestner trug, klagte 1808 über die

140

Franzosen in der Stadt: »Wir bekommen eine solche Menge Truppen ins Land, als wir nach Verhältnis noch nie gehabt haben. Vielleicht kommt das Hauptquartier hierher, was für die geselligen Verhältnisse höchst nachteilig sein würde, da wir kein Geld haben, um Brodt zu kaufen, und denn gezwungen sein würden, Staat zu machen und auf Bälle und Assembléen zu gehen.«

141

August Kestner (1777 – 1853)
um 1806

Johann Tischbein
Öl auf Leinwand · 35 × 30,4 cm
Historisches Museum Hannover, Inv. Nr. VM 28733

Nachdem Kestner bereits 1808/09 nach Italien gereist war, lebte er ab 1817 als hannoverscher Gesandtschaftssekretär beim Vatikan dauerhaft bis zu seinem Tod in Rom. Seine umfangreiche Antikensammlung bildete den Grundstock des Museums August Kestner (MAK).

142 (ohne Abb.)

Betty Bödeker, um 1820/1830

Öl auf Leinwand · 67 × 54,7 cm
Historisches Museum Hannover, Inv. Nr. VM 21562,2

Die Ehefrau des Pastors der Marktkirche Herman Bödeker posiert in einem leichten Kleid im Stil des klassizistischen Empire mit einem Umhang. Ihre Frisur entsprach der Biedermeier-Mode.

143

Johann Georg Harrys (1780 – 1838)
um 1820

Pastell auf Leinwand · 54,6 × 45,8 cm
Historisches Museum Hannover, Inv. Nr. VM 21569,1

Der Sohn eines jüdischen Bankiers konvertierte 1805 zum evangelischen Glauben. Nach der französischen Besetzung arbeitete Harrys zunächst als Inspektor des Militärhospitals und kommentierte dann als Journalist und Schriftsteller das hannoversche Stadtleben.

144

Pauline von Schulte (geb. 1818), 1832

Auguste von Schulte
Öl auf Leinwand · 94,2 × 89,5 cm
Historisches Museum Hannover, Inv. Nr. VM 35261

Die zeitweise als Hofmalerin in Hannover tätige Auguste porträtierte ihre Schwester Pauline vor dem neuen Wohnhaus der Familie in der Leinemasch.

141

143

144

145

146

147

145

Staatswagen von Georg III., König von Großbritannien und Irland, 1805

nach William Henry Pyne
kolorierte Lithografie · 25,8 × 35,4 cm
Historisches Museum Hannover, Inv. Nr. VM 34522

König Georg III. nutzte den Staatswagen erstmals zur Eröffnung des Parlaments am 25. November 1762. Der üppige geschnitzte Bildschmuck – mit 22-karätigem Blattgold überzogen – verherrlicht die See- und Kolonialmacht Großbritannien. Zuletzt kam die »Royal State Coach« beim 50-jährigen Thronjubiläum von Queen Elisabeth II. im Jahr 2002 zum Einsatz.

146

Blick in die Leinstraße mit zweispännigem Wagen, 1829

Johann Heinrich Wilhelm Kretschmer
Gouache auf Papier · 41 × 53,8 cm
Historisches Museum Hannover, Inv. Nr. VM 36016

Die Kutsche im Vordergrund, eine Kalesche mit Halbverdeck, kam um 1820 in Mode. Die vornehme Gesellschaft präsentierte sich darin dem Straßenpublikum. An sommerlichen Tagen diente sie auch für Spazierfahrten in die Umgebung.

147

Ansicht der Stadt Hannover von Westen, um 1825

Julius Elias Kasten
Gouache auf Papier · 61,4 × 98,3 cm
Historisches Museum Hannover, Inv. Nr. VM 31005

Im Vordergrund rechts ist der Küchengartenpavillon, links ein herrschaftlicher Wagen mit Dienerschaft in Livree dargestellt.

148 (ohne Abb.)

Kastenkoffer für Postkutschen um 1800

Karton, Leder, Messing · 38 × 72,5 × 31,7 cm
Historisches Museum Hannover, Inv. Nr. VM 31102

149

150

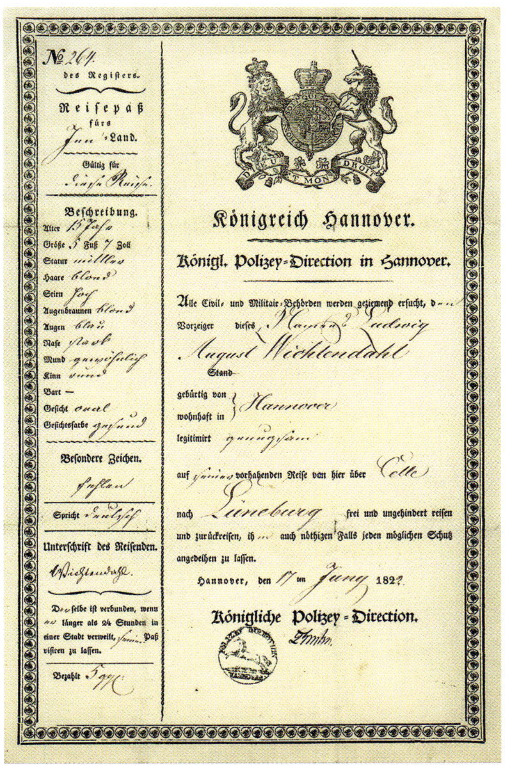

№ 264.
des Registers.

Reisepaß
fürs
Inn Land.

Gültig für

Beschreibung.
Alter 15 Jahr
Größe 5 Fuß 7 Zoll
Statur mittler
Haare blond
Stirn hoch
Augenbraunen blond
Augen blau
Nase stark
Mund gewöhnlich
Kinn rund
Bart —
Gesicht oval
Gesichtsfarbe gesund

Besondere Zeichen.

Spricht

Unterschrift des Reisenden.

Wichtendahl.

Derselbe ist verbunden, wenn er länger als 24 Stunden in einer Stadt verweilt, seinen Paß visiren zu lassen.

Bezahlt

DIEU ET MON DROIT

Königreich Hannover.

Königl. Polizey-Direction in Hannover.

Alle Civil- und Militair-Behörden werden geziemend ersucht, den Vorzeiger dieses Ludwig August Wichtendahl
Stand
gebürtig von
wohnhaft in } Hannover
legitimirt genugsam
auf seiner vorhabenden Reise von hier über Celle
nach Lüneburg frei und ungehindert reisen und zurückreisen, ihm auch nöthigen Falls jeden möglichen Schutz angedeihen zu lassen.

Hannover, den 17ten Juny 182?

Königliche Polizey-Direction.

151

149

Reisesonnenuhr mit Kompass
um 1830

Manufaktur Stockert, Fürth
Holz, Papier, Glas, Metall · 8,2 × 4,7 × 8 cm (geöffnet)
Historisches Museum Hannover, Inv. Nr. VM 28199

Die erste tragbare Sonnenuhr mit Kompass entstand 1511 in Nürnberg. Zeitmesser dieser Art wurden oft in der Schifffahrt verwendet und maßen die natürliche Zeit. In verschiedenen Ländern und Regionen galten jedoch lokale Ortszeiten. Reisende griffen deshalb meist zu mechanischen Taschenuhren. Auf dem Deckel der klappbaren Sonnenuhr sind die Polhöhen amerikanischer und europäischer Städte verzeichnet.

150

Reisebesteck, um 1790

Goldschmied: Johann Christoph Schmidt, Hannover
Stahl, Silber · Etui: Holz, Leder, Samt, Messing, Papier
26,2 × 3 × 9,3 cm
Historisches Museum Hannover, Inv. Nr. VM 48166

151

Reisepass, 1822

Handschrift · 35,6 × 22,9 cm
Historisches Museum Hannover, Inv. Nr. VM 46343

Innerhalb des Königreichs Hannover benötigte man einen Reisepass. Zwischen den 17 Provinzen kontrollierten Zöllner und Grenzbeamte die Reisenden. Auch die Fahrt von Hannover nach Lüneburg musste von der Polizei-Direktion genehmigt werden. Das Dokument enthielt eine Personenbeschreibung in Stichworten.

ANHANG

Literaturverzeichnis

Adam 2006
Bernd Adam: Das Herrenhäuser Schloss und die historischen Gartenpavillons. In: Herrenhausen. Die Königlichen Gärten in Hannover. Hrsg. von Marianne von König. Göttingen 2006, S. 221 – 236.

ADB 1894
Allgemeine Deutsche Bibliographie Bd. 37, Leipzig 1894.

Asch 2008
Ronald Asch: Europäischer Adel in der Frühen Neuzeit. Wien / Köln / Weimar 2008.

Ball / Sunderland 2001
Michael Ball / David Sunderland: An Economic History of London. London 2001.

cartoonstock 2014
www.cartoonstock.com/vintage/directory/k/king_george_iv.asp, letzter Download 16. 2. 2014.

Böttcher / Mlynek / Röhrbein / Thielen 2002
Dirk Böttcher / Klaus Mlynek / Waldemar R. Röhrbein / Hugo Thielen (Hrsg.): Hannoversches Biographisches Lexikon. Hannover 2002.

Chappell 2000
Mike Chappell: The King's German Legion 1812 – 1816. Osprey 2000.

Dittmer 1822
Heinrich Dittmer: Authentische und vollständige Beschreibung aller Feyerlichkeiten, welche in dem Hannoverschen Lande bey der Anwesenheit Seiner Königl. Majestät Georgs des Vierten während dem Monate October 1821 veranstaltet worden sind. Hannover 1822.

von Erffa 1958
Hans Martin von Erffa: Art. Ehrenpforte. In: Reallexikon zur deutschen Kunstgeschichte Bd. 4. Stuttgart 1958, Sp. 1443 – 1504.

Esdale 2002
Charles Esdale: The Peninsular War. A New History. London 2002.

Hammer-Schenk 1988
Harold Hammer-Schenk: Das Leineschloss in Hannover. In: Vom Schloss zum Bahnhof. Bauen in Hannover. Hrsg. von Harold Hammer-Schenk / Günther Kokkelink. Hannover 1988, S. 145 – 173.

Hauptmeyer 1992
Carl-Hans Hauptmeyer: Die Residenzstadt. In: Geschichte der Stadt Hannover Bd. 1. Hrsg. von Klaus Mlynek / Waldemar R. Röhrbein. Hannover 1992, S. 137 – 264.

Hauptmeyer 2009
Carl-Hans Hauptmeyer: Geschichte Niedersachsens. München 2009.

Hausmann 1873
Bernhard Hausmann: Erinnerungen aus dem achtzigjährigen Leben eines hannoverschen Bürgers. Hannover 1873.

van den Heuvel 2013
Christine van den Heuvel: At table we heard of nothing but Hanover – Der Besuch Georgs IV. im Königreich Hannover im Jahr 1821. In: Aus dem Süden des Nordens. Studien zur niedersächsischen Landesgeschichte für Peter Aufgebauer zum 65. Geburtstag. Hrsg. von Arnd Reitemeier / Uwe Ohainski. Bielefeld 2013, S. 211 – 234

Holenstein 1992
André Holenstein: Huldigung und Huldigungszeremoniel im Zeitalter des Absolutismus und der Aufklärung. In: Zum Wandel von Zeremoniell und Gesellschaftsritualen in der Zeit der Aufklärung. Hrsg. von Klaus Gerteis. Hamburg 1992, S. 21 – 46.

Huck 2009
Stephan Huck: Vom Berufsheer zur allgemeinen Wehrpflicht – Militärgeschichte zwischen Französischer Revolution und Freiheitskriegen 1789 bis 1815. In: Grundkurs deutsche Militärgeschichte 1. Die Zeit bis 1914. Hrsg. von Ernst-Willi Hansen / Karl-Volker Neugebauer, 2. Aufl. München 2009, S. 122 – 217.

Kaschuba 2004
Wolfgang Kaschuba: Die Überwindung der Distanz. Zeit und Raum in der europäischen Moderne. Frankfurt 2004.

Kleinschmidt 2008
Christian Kleinschmidt: Konsumgesellschaft. Göttingen 2008.

Knauer 2008
Martin Knauer: Herrschereinzug als Herrschaftspraxis. Ehrenbogen, Festsymbolik und die Macht des Ephemeren. In: König Kustik!? Jérôme Bonaparte und der Modellstaat Königreich Westphalen. Katalog zur Hessischen Landesausstellung 2008 in Kassel. München 2008, S. 74 – 80.

Knocke / Thielen 2007
Helmut Knocke / Hugo Thielen: Hannover Kunst- und Kultur-Lexikon. 4. Aufl. Springe 2007.

Knufinke 2010
Ulrich Knufinke: Emanuel Bruno Quaet-Faslem. 1795 – 1851. Ein Architekt des Klassizismus. Museum Nienburg. Nienburg 2010.

Köhler 2007
Matthias Köhler: Rezension zu Matthias Schwengelbeck, Die Politik des Zeremoniells. Huldigungsfeiern im langen 19. Jahrhundert. Frankfurt am Main 2007. In: H-Soz-u-Kult, 2.10.2007.

Kuczynski 1991
Ingrid Kuczynski: Ins gelobte Land der Freiheit und des Wohlstands. Reisen nach England. In: Reisekultur. Hrsg. von Hermann Bausinger / Klaus Beyrer / Gottfried Korff. München 1991, S. 237 – 243.

Maurer 2007
Michael Maurer: Kleine Geschichte Englands. Stuttgart 2007.

Mlynek / Röhrbein 1991
Klaus Mlynek/Waldemar R. Röhrbein (Hrsg.): Hannover Chronik. Von den Anfängen bis zur Gegenwart, Hannover 1991.

Mlynek / Röhrbein 2009
Klaus Mlynek / Waldemar R. Röhrbein (Hrsg.): Stadtlexikon Hannover. Von den Anfängen bis in die Gegenwart, Hannover 2009.

Neubecker 1935
Ottfried Neubecker: Die Geschichte der Flagge von Hannover. In: Hannoversche Geschichtsblätter 3. 1935, S. 83 – 108.

Neugebauer 1993
Karl-Volker Neugebauer (Hrsg.): Grundzüge der deutschen Militärgeschichte. Bd. 1: Historischer Überblick vom Mittelalter bis nach dem 2. Weltkrieg. Freiburg im Breisgau 1993.

North 1991
Gottfried North: Eine Revolution im Reiseverkehr. Die Schnellpost. In: Reisekultur. Hrsg. von Hermann Bausinger / Klaus Beyrer / Gottfried Korff. München 1991, S. 291 – 297.

Oberschelp 1983
Reinhard Oberschelp: Politische Geschichte Niedersachsens 1714 – 1803 (Veröffentlichungen der Niedersächsischen Landesbibliothek Hannover 5). Hildesheim 1983.

Oberschelp 1988
Reinhard Oberschelp: Politische Geschichte Niedersachsens 1803 – 1866 (Veröffentlichungen der Niedersächsischen Landesbibliothek Hannover 8). Hildesheim 1988.

Philipp 2011
Marion Philipp: Politische Kommunikation in Herrschereinzügen. Tugendprogramme an Ehrenpforten der Renaissance. In: Habitus. Norm und Transgression in Bild und Text. Hrsg. von Tobias Frese / Annette Hoffmann. Berlin 2011, S. 197 – 213.

Reinle 1987
Adolf Reinle: Vergängliche und dauerhafte Festarchitektur vom Mittelalter bis ins 19. Jahrhundert. In: Stadt und Fest. Zur Geschichte und Gegenwart europäischer Festkultur. Hrsg. von Paul Hugger / Walter Burkert / Ernst Lichtenhahn. Stuttgart 1987, S. 129 – 160.

Richter-Uhlig 1992
Uta Richter-Uhlig: Hof und Politik unter den Bedingungen der Personalunion zwischen Hannover und England. Die Aufenthalte Georgs II. in Hannover zwischen 1729 und 1741. Hannover 1992.

Rischbieter 1992
Henning Rischbieter: Hannoversches Lesebuch. Oder was in Hannover oder über Hannover geschrieben, gedruckt und gelesen wurde. Bd. 1: 1650 – 1850. Hannover 1992.

Riotte 2005
Torsten Riotte: Hannover in der britischen Politik (1792 – 1815). Dynastische Verbindung als Element außenpolitischer Entscheidungsprozesse. Münster 2005.

Robins 2007
Jane Robins: Rebel Queen. How the Trial of Caroline Brought England to the Brink of Revolution. London 2007.

Röhrbein 1977
Waldemar R. Röhrbein: Die Auswirkungen der Personalunion auf Politik und Krieg. In: Ders. und Alheidis von Rohr: Hannover im Glanz und Schatten des britischen Weltreiches. Hannover 1977, S. 16 – 43.

Röhrbein 1988
Waldemar R. Röhrbein: Hannover: Königreich, Provinz und Hauptstadt im 19. Jahrhundert. Ein Überblick. In: Vom Schloss zum Bahnhof. Bauen in Hannover. Hrsg. von Harold Hammer-Schenk / Günther Kokkelink. Hannover 1988, S. 13 – 34.

von Rohr 1978
Alheidis von Rohr: Staats- und Stadtwagen aus dem hannoverschen Marstall im Historischen Museum am Hohen Ufer. In: Hannoversche Geschichtsblätter 32, 1978, S. 155 – 193.

von Rohr 1985
Alheidis von Rohr: Staatswagen des Prince of Wales. In: Katalog Niedersächsische Landesgeschichte im Historischen Museum Hannover, Hannover 1985, S. 249 – 251.

von Rohr 1998
Alheidis von Rohr: Johann Heinrich Ramberg. Maler für König und Volk (Schriften des Historischen Museums Hannover 14). Hannover 1998.

Schäfer 2001
Kirstin A. Schäfer: Die Völkerschlacht. In: Deutsche Erinnerungsorte. Band 2. Hrsg. von Etienne François / Hagen Schulze. München 2001, S. 187 – 201.

Schenk 2003
Gerrit Jasper Schenk: Zeremoniell und Politik. Herrschereinzüge im spätmittelalterlichen Reich (Forschungen zur Kaiser- und Papstgeschichte des Mittelalters, Beihefte zu Johann Friedrich Böhmer Regesta Imperii 21). Köln / Weimar / Wien 2003.

Schubert 2003
Ernst Schubert: Hannover. In: Das Ende der Frühen Neuzeit im »Dritten Deutschland«. Hrsg. von Werner Buchholz. München 2003, S. 25 – 54.

Schwark 2007
Thomas Schwark: Hannover und Großbritannien im 18. und 19. Jahrhundert. In: Landesgeschichte im Landtag. Hannover 2007, S. 310 – 316.

Schwark 2013
Thomas Schwark: Oktober 1821: »… Hannover huldigt seinem Königssohne.« Zur Symbolsprache beim Staatsbesuch Georgs IV. in Herrenhausen. In: Geschichte, um zu verstehen. Traditionen, Wahrnehmungsmuster, Gestaltungsperspektiven, Festschrift für Carl-Hans Hauptmeyer. Hrsg. von Thomas Schwark / Christiane Schröder / Heike Düselder / Detlef Schmiechen-Ackermann / Martin Stöber. Hannover 2013.

Schwertfeger 1907
Bernhard Schwertfeger: Geschichte der Königlich Deutschen Legion 1803 – 1816 Bd. 2. Hannover 1907.

Siegner 1988
Klaus Siegner: Klassizismus in Hannover. In: Vom Schloss zum Bahnhof. Bauen in Hannover. Hrsg. von Harold Hammer-Schenk / Günther Kokkelink. Hannover 1988, S. 35 – 44.

Stollberg-Rilinger 2010
Barbara Stollberg-Rilinger: Einleitung. In: Die Bildlichkeit symbolischer Akte (Symbolische Kommunikation und gesellschaftliche Wertesysteme. Schriftenreihe des Sonderforschungsbereiches 496, 28). Hrsg. von Barbara Stollberg-Rillinger / Thomas Weißbrich. Münster 2010, S. 9 – 21.

Schröder 1999
Hans-Christoph Schröder: Die Geschichte Englands. Ein Überblick. In: Großbritannien. Geschichte – Politik – Wirtschaft – Gesellschaft. Hrsg. von Hans Kastendiek / Karl Rohe / Angelika Volle. Frankfurt am Main / New York 1999, S. 15 – 68.

Weigel 2010
Thomas Weigel: Der Venedig-Besuch des polnisch-französischen Königs Heinrich IV. / III. In: Die Bildlichkeit symbolischer Akte (Symbolische Kommunikation und gesellschaftliche Wertesysteme. Schriftenreihe des Sonderforschungsbereiches 496, 28). Hrsg. von Barbara Stollberg-Rilinger / Thomas Weißbrich. Münster 2010, S. 267 – 312.

Weiß 2008
Ulrike Weiß: Dame, Herzog, Kurfürst, König. Das Haus der hannoverschen Welfen 1636 – 1866 (Schriften des Historischen Museums Hannover 34). Hannover 2008.

Abbildungsnachweis

Hannover, Niedersächsisches Landesmuseum
Seite 58, 100, 101, 111

London, The Royal Collection Trust, Her Majesty Queen Elizabeth II
Seite 108, 112, 127

Marienburg, S. K. H. Erbprinz Ernst August von Hannover, Herzog zu Braunschweig und Lüneburg
Seite 12, 14, 16, 16, 52, 71, 72,73, 91, 124, 125, 137

Alle übrigen Abbildungen
Historisches Museum Hannover